MAX WERELDKAMPIOEN

Van Koen Vergeer verschenen eerder

Sagrada Família
Dossier Delvaux
De Formule 1-fanaat
Poëzie in Vredenburg
Le Mans
Mijn Formule 1
Vaders langs de lijn
Mahler
Pole Position
FaustRacer
MaxMania
Kalff
Zandvoort

Inhoud

Inleiding
Wereldkampioen

Max Verstappen is wereldkampioen Formule 1. Het is eigenlijk nog niet goed te bevatten. Nederland werd al van de stoel geblazen toen Max in 2016 voor het eerst een Grand Prix won. Het Wilhelmus op een Formule 1-podium, wie had dat ooit kunnen denken. Die historische zege in Spanje werd het begin van een ware Formule 1-hausse in Nederland. Een heel Oranjelegioen begon Max aan te sporen, op weg naar nog meer overwinningen, dromend van een wereldtitel. Maar niet alleen in Nederland, wereldwijd zorgde Max voor een enorme opleving van de Formule 1. Hier was een bijzonder talent opgestaan. Max won niet alleen races, hij zorgde voor spektakel, strijd en controversen. Volgens insiders was die wereldtitel slechts een kwestie van tijd.

Toch, eenvoudig was het niet. Red Bull Racing moest het opnemen tegen Mercedes, dat al vóór het Formule 1-debuut van Max in 2015 alleenheerser was in de koningsklasse. Ook motorleverancier Honda moest nog grote stappen maken. Maar de *driving force* zat in de cockpit: Max. Met zijn strijdlust en zijn compromisloze manier van rijden motiveerde hij het hele team om nog meer uit zichzelf te halen. In 2021 viel alles op zijn plaats. Eindelijk kon Max werkelijk de strijd aangaan met Lewis Hamilton. En natuurlijk liet de zevenvoudig wereldkampioen en onbetwist de beste coureur van zijn generatie zich niet zomaar verslaan.

Het resultaat was een weergaloze tweestrijd. En de echte winnaars waren wij, de fans, de liefhebbers van de sport. Want wat een raceseizoen hebben we beleefd. Iedere Grand Prix zaten we op het puntje van onze stoel. Zo'n intense strijd tussen de koning en de kroonprins hebben we sinds het duel tussen Alain Prost en Ayrton Senna niet meer gezien. Dit was de Formule 1 op z'n best. Met alles erop en eraan. Met verdachtmakingen, protesten, opgefokte teambazen, *mind games*, technische foefjes, bandenpoker, motorwissels en *grid penalties*. Maar vooral: met stevige confrontaties tussen de hoofdrolspelers op de baan. Op het randje en soms eroverheen. Het ellebogenwerk in die chicane op Imola, de klapband in Baku, het duel en de crash op Silverstone, het Oranjefeest op Zandvoort, de autostapeling op Monza, de thriller in Amerika, het gekkenhuis in Jeddah en natuurlijk het zenuwslopende slotakkoord in Abu Dhabi. In één woord: historisch. Het is eigenlijk nog niet goed te bevatten. Daarom dit boek, waarin je het allemaal nog eens kunt beleven.

1

De bioklok

Een nieuw Formule 1-seizoen begint. In maart. Zoals het hoort. Mijn bioklok begint weer een beetje op adem te komen. De Grand Prix van Australië gaat weliswaar niet door – dus geen voorzichtig vogelgekwetter in het donker buiten terwijl op de tv de eerste auto's de pits uit rijden voor FP1 in Albert Park – maar eind maart ontwaakt het circus uit zijn winterslaap in Bahrein. Eind vorig jaar was het woestijncircuit nog het decor van een spectaculaire apotheose; iedereen herinnert zich de lugubere crash van Romain Grosjean. Zijn Haas werd kort na de start van achter aangetikt, waarna de auto zich frontaal in een vangrail boorde, in tweeën brak, waarbij de bomvolle benzinetank scheurde en de auto verdween in een enorme vuurbal. Het was een wonder... Nee, het was juist géén wonder. Alle veiligheidsvoorzieningen van de moderne Formule 1 deden hun werk: de safetycel, de halo, HANS (*head and neck support*), de brandvrije kleding, en de parate professionele hulp ter plekke, waardoor Grosjean levend uit de vuurzee tevoorschijn sprong. Vooruit: een tikkeltje geluk kwam er ook bij kijken...

Dat was 2020, het coronajaar. Het jaar dat straks uit onze collectieve herinnering zal wegvallen, omdat alles stilstond. Ook in de Formule 1. De hele kalender viel uit elkaar. Races, waaronder die op Zandvoort, waar iedereen zo naar uitgekeken had, werden uitgesteld en afgelast. Gelukkig gingen we in de zomer alsnog rijden. Het voelde werkelijk als een overwinning toen de auto's begin juli de baan opgingen in Oostenrijk, in een bizarre setting: een volledig geïsoleerde bubbel, zonder publiek. Uiteindelijk hebben we toch mooie races gezien: de chaos op de achtbaan van Mugello, de zege van Pierre Gasly op Monza, ijsdansen in Turkije. Alleen een echte strijd om de titel was er niet. De Mercedes W11 was van meet af aan dominant. 'De beste uit de hele serie,' jubelde Lewis Hamilton, die tamelijk comfortabel op zijn zevende wereldtitel afstevende. Slechts af en toe kon Max Verstappen de strijd aangaan met de twee Mercedes-coureurs. Gedrieën verdeelden ze doorgaans de podiumplaatsen. Max nam het gelaten. Meer zat er gewoon niet in. Ondertussen werd er bij Red Bull Honda keihard doorgewerkt. Volhouden. Formule 1 is ook een kwestie van lange adem.

Nu is het 2021. Met diverse vaccins op komst mogen we hopen dat we onder de ergste greep van dat ellendige virus vandaan komen. Vooralsnog blijft de Formule 1 in zijn bubbel. Onderverdeeld in subbubbels, voortdurend getest en zonder publiek. Zonder publiek: dat scheelt wel een heleboel inkomsten. De Formule 1 heeft in 2020 veel te weinig verdiend. Daarom zijn ingrijpende regelwijzigingen – zeg maar: een totaal nieuwe auto – opgeschort tot 2022. Kostenbesparing. Met min of meer dezelfde auto's als in 2020 wordt er in 2021 geracet. Hoewel... Er zijn een paar kleine wijzigingen in het reglement, met name op het gebied van de aerodynamica. Zo is de vloer van de auto een stuk kleiner dit jaar, wat nogal wat downforce scheelt. Volgens Christian Horner, teambaas van Red Bull, is de auto voor zestig procent hetzelfde als vorig jaar. Alle probleempunten zijn aangepakt, stelt hij, daar zit die veertig procent vernieuwing. En Honda, dat in 2020 aankondigde eind 2021 te zullen stoppen met de Formule 1, heeft beloofd nog één keer alles op alles te zetten om in stijl afscheid te nemen. De bekende strijdvaardige taal uit de winter.

Tijdens de drie testdagen in Bahrein stonden de gezichten bij Red Bull in elk geval vrolijk. De RB16B draaide probleemloos snelle ronden, terwijl aartsvijand Mercedes veel te vaak stilstond in de pits en op de baan leek te tobben met de aanpassingen in de aerodynamica. Uiteindelijk was Max de snelste van allemaal en moest Hamilton ruim een seconde toegeven. De voorgaande jaren was dat meestal andersom. Het was echter nog twee weken voor de start van het seizoen. Mercedes zou heus nog wel wat vinden en er straks in Bahrein gewoon weer staan.

Of niet? Op vrijdagochtend rijden de auto's voor het eerst de pits uit. Een heerlijk gevoel. De bioklok begint weer te tikken. Start in Bahrein, en straks in het voorjaar Monaco en Baku, de zomer met Silverstone en de Hungaroring, september met Spa en Monza, en daarna het verre najaar met alle flyaway races. En ja, Zandvoort natuurlijk. Zal het allemaal doorgaan? We gaan het zien, want daar komen de eerste auto's uit hun out-lap aan gescheurd, de tijd gaat nu meelopen: wie heeft de auto aan het begin van dit seizoen het best op orde? Red Bull. Max. In alle vrije trainingen op vrijdag en zaterdagmiddag laat Max de snelste tijd noteren. Alles loopt op rolletjes. Mercedes komt een paar tienden tekort. Zijn ze misschien aan het *sandbaggen*, of niet? Zaterdag aan het eind van de middag is er de kwalificatie. De eerste kwalificatie is elk seizoen weer een bepalend moment: nu kan er echt geen verstoppertje meer gespeeld worden. Nu gaan we zien waar iedereen echt staat. Want het gaat ergens om: om de startpositie morgen voor de race. Nerveus wordt er naar de tussentijden gekeken. Comfortabel, zo lijkt het, pakt Max de poleposition. Hij begint morgen vooraan. Hamilton jaagt, maar redt het niet, hij rijdt de tweede tijd. Naast elkaar op de eerste startrij zullen ze het seizoen beginnen. Bij Mercedes kijkt men elkaar aan: bijna vier tienden komen ze tekort. Dat is veel. Heel veel. Bij Red Bull is het een en al glimlach. Hebben ze werkelijk de snelste auto aan het begin van het seizoen? Komen ze deze keer, anders dan voorgaande jaren, wel goed uit de startblokken? Oké, dit is zaterdag, op zondag worden pas de punten verdeeld. Maar toch… Een nieuw Formule 1-seizoen begint.

2

Grand Prix van Bahrein

Op 28 maart is het zover, miljoenen mensen over de hele wereld kijken toe hoe in Bahrein vijf rode lampen een voor een aangaan en dan allemaal tegelijk uit, waarop de twintig deelnemers aan het wereldkampioenschap Formule 1 2021 gas geven, losgaan, volle bak, op de eerste bocht af, een nauwe bocht naar rechts. Max Verstappen en Lewis Hamilton hebben vanaf de eerste rij allebei een goede start, Max gebruikt de paar meter voorsprong die hij heeft en schuift naar rechts, om de Mercedes daar de doorgang te versperren. Lewis wijkt meteen uit naar links en kiest de buitenkant, om vanaf daar toch te moeten toezien hoe Max als eerste de bocht in duikt. Achter hen bakkeleien Leclerc en Bottas om plek drie. Weer verder naar achteren, niet eens in het gedrang, maar helemaal achteraan, verliest Nikita Mazepin de controle over zijn auto en spint kansloos van de baan. Al het hele weekend staat de Russische rookie achterstevoren, wat hem al snel de bijnaam Mazespin oplevert. De auto slaat tegen de afzetting, de voorwielophanging staat krom, game over. Safetycar. Een snelle auto van de wedstrijdleiding komt de baan op. De Formule 1-auto's moeten achter deze safetycar aansluiten, inhalen is verboden. Zo kan de auto van Mazepin veilig worden opgeruimd en eventuele schade aan de afzetting worden hersteld. Na drie ronden gaat de safetycar weer naar binnen en gaat de race voort met een rollende herstart. Opnieuw loert Hamilton aan de buitenkant, waar ook Leclerc opduikt, maar Max blijft voorop. De Red Bull heeft blijkbaar ook een goede *race pace* en houdt de Mercedes gemakkelijk achter zich. In de volgende ronden bouwt Max een kleine voorsprong op. Mercedes moet iets verzinnen willen zij deze race nog winnen.

In de 14e ronde komt Hamilton binnen voor een bandenwissel. Het team monteert razendsnel de harde banden onder de auto. Mercedes probeert een zogenaamde *undercut* te plaatsen. Dat wil zeggen dat Lewis eerder banden wisselt, zodat hij met nieuwe banden een paar snellere ronden kan rijden dan Max op zijn oude banden. Wanneer Max dan banden wisselt, komt hij achter Lewis de baan weer op. Voor buitenstaanders lijkt het racen op deze manier soms op hogere wiskunde, maar na een paar keer is het spelletje wel duidelijk. Vaak maakt het uitgedaagde team zo snel mogelijk ook een pitstop, om het bandenvoordeel van tegenstander niet te veel op te laten lopen. Maar Max rijdt door. Niet één, maar wel vier ronden. Na zijn pitstop komt hij dan ook ruim achter Lewis de baan weer op. Undercut geslaagd. De teams zullen echter precies weten wat ze doen. Beide hebben achter de pits een hele rits ingenieurs die op monitoren de gegevens scannen en met hulp van computerprogramma's uitrekenen wat het beste moment voor de bandenwissel is. Sterker nog: de grote teams hebben in Engeland op de fabriek een grote *control room*, in NASA-stijl, waar alles wordt gecheckt, nagerekend en gesimuleerd. Er kijken tegenwoordig meer ingenieurs mee met een Formule 1-auto dan vijftig jaar terug met de Apollo-maanlanders. Toch lijkt Mercedes' bandenstrategie Red Bull te verrassen, want in de 29e ronde komt Lewis nog eens binnen voor een set nieuwe banden, weer de harde compound. Met deze set gaat hij de race uitrijden. Max heeft de leiding weer overgenomen, maar met zestien seconden voorsprong weet hij dat hij na zijn tweede stop weer achter Lewis terechtkomt. Heeft Red Bull zich laten piepelen?

Intussen vindt er nog een steekspel plaats. Red Bull klaagt bij de wedstrijdleiding over het feit dat Hamilton in bocht 4 voortdurend over de *track limits* gaat. Mocht dat nu wel of niet? Lewis heeft er immers duidelijk voordeel van, wel twee tiende per ronde. Men wil duidelijkheid. Hamilton kiest in bocht 4 steeds een racelijn, waarbij hij met vier wielen buiten de baan komt om zo meer snelheid mee te nemen op het volgende stuk. In de trainingen en de kwalificatie was dit verboden. Wie buiten de witte lijn ging, zag zijn rondetijd meedogenloos geschrapt. Tijdens de race zou er niet meer op worden gelet. Of toch? Getipt door Red Bull verandert de wedstrijdleiding blijkbaar van mening. Mercedes krijgt een waarschuwing: niet meer over de track limits gaan in bocht 4. Op de boordradio reageert Lewis verrast: 'Dat mocht toch? Ik doe het al de hele race!' Wanneer Max in de 40e ronde zijn tweede pitstop maakt, komt hij zoals verwacht achter Lewis de baan weer op, acht seconden. Nog zestien ronden te gaan. Max heeft nu de versere banden, hij heeft ook de snellere auto, zo lijkt het; kan hij Lewis nog inhalen? Geduldig, zonder zijn banden te forceren, komt hij iedere ronde wat dichterbij. Dat Lewis op de limiet van zijn banden rijdt, blijkt in de 51e ronde, als hij zijn wielen blokkeert en in bocht 10 naast de baan glijdt; zoiets kost tijd. Max zit nu in zijn kielzog. Racefans schuiven naar het puntje van hun stoel: je weet met Max dat hij het zeker een keer gaat proberen. Bij het ingaan van de 53e ronde loert Max eventjes in bocht 1, maar Hamilton houdt de deur stevig dicht. Op weg naar bocht 4 gebruikt Max alle speed van de Red Bull, hij komt op gelijke hoogte en glipt zijn tegenstander aan de buitenkant van de bocht voorbij! Meteen klinkt er gekrakeel via de boordradio. Hamilton meldt dat Max bij de passeermanoeuvre buiten de baan is gegaan. En dat mag écht niet. De track limits in bocht 4 gelden wel, is vooraf meegedeeld, bij een inhaalactie. Max moet de veroverde koppositie teruggeven. Via de radio krijgt hij de melding. Hij weet het. Bij bocht 10 laat hij Lewis met grote tegenzin voorbij. Max kon blijkbaar maar één keer alles van zijn wagen en zijn banden vragen, want een nieuwe inhaalactie zit er niet meer in. Dankzij een slimme bandenstrategie en een race op de limiet (en in bocht 4 lange tijd erover) wint Lewis Hamilton de eerste race van het seizoen. 'Ik heb het nog in me!' juicht hij over de boordradio. 'Niet slecht voor een oude man,' antwoordt zijn engineer. Het is duidelijk: bij Mercedes voelen ze dat Max eraan komt. Max is vooral teleurgesteld en boos: 'Had me maar door laten rijden,' moppert hij tegen zijn engineer. 'Die vijf seconden tijdstraf had ik dan wel genomen. Liever zo verliezen dan als tweede finishen...' Het toont de strijdvaardigheid van Max. En dat is nodig. Het is wel Mercedes dat verslagen moet worden. Al zeven jaar op rij kampioen. Achteraf kun je je afvragen of Red Bull scherper had kunnen zijn inzake de track limits in bocht 4. Met zo'n hele control room achter de hand hadden ze toch eerder moeten reageren, of Max ook over die route laten gaan. Hoeveel seconden zijn daar niet weggelekt? Tegenover de pers is er weer een glimlach. Een tweede plaats betekent in elk geval goede punten. In tegenstelling tot voorgaande jaren beleeft Red Bull een ijzersterke start van het seizoen. Ze zitten erbij.

Stand:

Hamilton	25
Verstappen	18

3
Mercedes

Het is wel Mercedes dat verslagen moet worden. En dat wordt hoog tijd. Al zeven jaar maken zij de dienst uit in de Formule 1. Er is wat weerwerk geweest van Red Bull en Ferrari, maar als je naar de cijfers kijkt, weet je dat het Mercedes al die tijd relatief gemakkelijk afging. In de zeven seizoenen onder het hybridereglement, dat wil zeggen van 2014 tot en met 2020, werden er 138 Grands Prix verreden. Mercedes won er daar 102 van; dat is 74 procent. Driekwart. Record in 2016: van de 21 wedstrijden won Mercedes er 19. Drieënvijftigmaal behaalden ze een een-tweezege, en jaarlijks haalden ze zo'n 80 procent van de beschikbare WK-punten op. En alle beschikbare wereldtitels: bij de coureurs en bij de constructeurs. Je kunt gerust spreken van alleenheerschappij. Op den duur wordt dat een beetje saai, dus vriend en vijand zijn het erover eens: dat mag wel een keer doorbroken worden. Bij Mercedes denken ze daar anders over.

Mercedes-Benz is een van de oer-autobouwers. Carl Benz bouwde in 1885 de allereerste auto. In de oertijd van de racerij was de witte Mercedes SSK een berucht monster. Grote successen kwamen toen het naziregime in de jaren dertig miljoenen pompte in het ontwikkelen van de beruchte zilverpijlen. Gedirigeerd door de charismatische *Rennleiter* Neubauer regen mannen als Caracciola en Von Brauchitsch de zeges aaneen. Na de oorlog, met Neubauer terug op zijn post, keerden de zilveren auto's terug. In 1954 en 1955 vermorzelde Fangio de concurrentie. Maar na de ramp op Le Mans – een Mercedes vloog in de tribunes en maakte eenentachtig slachtoffers – hield Mercedes het racen op het hoogste niveau voor gezien. In 1987 keerde Mercedes terug, als motorleverancier van Sauber in Le Mans. In 1989 werd de race gewonnen. In 1994 keerde Mercedes terug in de Formule 1, opnieuw als motorpartner van Sauber. Van 1995 tot en met 2014 lag de motor achter in de McLaren. Een succesvolle verbintenis: driemaal werd de wereldtitel veroverd bij de coureurs (waaronder de eerste voor Hamilton in 2008) en eenmaal bij de constructeurs. Maar blijkbaar wilde de directie in Stuttgart graag alle eer voor zichzelf. Toen het kleine Brawn GP met een Mercedes-motor achterin in 2009 de titel greep, volgde een soepele overname. Met Niki Lauda als adviseur (Lauda stond eerder al aan de basis van het dreamteam van Ferrari) werd een stevige organisatie neergezet, werd Hamilton gehaald en werd achter de schermen ongetwijfeld druk gelobbyd voor een nieuwe motorformule. De Formule 1 moest innovatiever en groener worden, zodat de enorme uitgaven van de raceteams ook konden worden verantwoord aan de directies van de grote concerns. En zo koos de FIA voor de hybrideformule, met kleine V6 turbomotoren, voorzien van twee energieregeneratiesystemen: een al eerder beproefd kinetisch systeem (MGU-K) en een systeem dat de hitte uit de motor omzet in elektrische energie (MGU-H). Veel Formule 1-volgers zijn nog altijd van mening dat de Formule 1 hier een verkeerde afslag genomen heeft. De hybridemotoren zijn dan wel superlicht en verbruiken bizar weinig brandstof, ze maken veel te weinig lawaai voor de fans, ze zijn veel te ingewikkeld en veel te duur – om bijvoorbeeld nieuwe motorleveranciers naar de Formule 1 te lokken.

Begin 2014 had eigenlijk alleen Mercedes een fatsoenlijke hybridemotor klaar. Ronduit gênant waren de wintertests, waarbij de Mercedes-auto's keurig hun rondjes draaiden en de rest stond te tobben en te lekken in de pits of erger nog: langs de kant van de baan. De resultaten waren ernaar. Zestien van de negentien Grands Prix werden in 2014 gewonnen door Mercedes. En goedbeschouwd is die trend sindsdien niet gestopt. Niet een van de andere spelers – Ferrari, Renault en Honda – slaagde erin een motor te ontwikkelen die tegen de Mercedes op kon. Renault moest het hebben van het talent van Ricciardo en Max, Ferrari speelde een tijdlang vals spel en Honda ging bij McLaren diep, heel diep door het stof. Inmiddels echter lijkt de Honda-motor een match voor de Mercedes. Gaat het Max in de Red Bull Honda lukken om een einde te maken aan de Duitse alleenheerschappij?

Het raceteam van Mercedes komt niet echt uit Duitsland, het is zoals zoveel teams gevestigd in F1-valley rondom Silverstone, in Engeland. In de fabriek in Brackley werken zo'n duizend man en op de motorafdeling, veertig kilometer verderop in Brixworth, nog eens duizend. De hele raceoperatie – auto ontwikkelen, bouwen, reizen en racen – kost jaarlijks zo'n driehonderddertig miljoen dollar. Volgens berekeningen kost het het moederbedrijf zelf echter nog geen dertig miljoen per jaar, terwijl de marktwaarde van Mercedes door alle successen en exposure met miljarden is gestegen.

De coronacrisis heeft de Formule 1 echter wakker geschud. Al jaren wordt er gepraat over het omlaagbrengen van de kosten, nu lijkt er ook daadwerkelijk iets aan te gebeuren. Voor 2021 is er een kostenplafond ingesteld van honderdvijfenveertig miljoen dollar (uitgezonderd de marketingkosten, de salarissen van de coureurs en de drie topsalarissen binnen het team). In de komende jaren moet het plafond geleidelijk nog een stuk omlaag. De eigenaar van het hele circus, Liberty Media, is langzaam bezig om de weeffouten, ontstaan door Bernie Ecclestones verdeel-en-heerspolitiek, weg te werken om de sport weer een wat gezondere, voor alle teams meer gelijke basis te geven.

Overigens mag ook het aandeel van Lewis Hamilton in het succesverhaal van Mercedes niet vergeten worden. Zoals Jackie Stewart ooit opmerkte: je kunt wel de beste auto hebben, je moet hem ook nog besturen. Van de 138 races in het hybridetijdperk won Hamilton er 73, meer dan de helft. Zes van de zeven wereldtitels kwamen dan ook op conto van Hamilton. Eenmaal wist Nico Rosberg hem te verslaan. Met zijn derde titel in 2015 had Lewis zijn jeugddroom gerealiseerd: hij had evenveel wereldtitels behaald als zijn idool Senna. Terwijl Lewis misschien wat verflauwde bij de start van 2016, had Rosberg juist besloten om, met hulp van een coach, over zijn eigen grenzen heen te gaan, om zijn levenslange kwelgeest voor één keer te verslaan. Het lukte. Nipt. Meteen daarna hield Rosberg het voor gezien. Hij kon het mentaal niet nog eens opbrengen, wist hij. Daarvoor en daarna heerste Hamilton. Een racer pur sang, snel en vooral messcherp in duels, zonder gemeen te zijn. Steeds weer zet hij tegenstanders en teamgenoten opzij, sneller, slimmer, handiger, gehaaider. Engelsen noemen dat *racecraft*. Door zijn vele overwinningen is hij natuurlijk ook gegroeid: hij maakt nog zelden fouten, wint races die hij eigenlijk niet kon winnen en weet precies op welke momenten hij extra gas moet geven: '*Hammertime...*' Niet alleen vanwege de verpletterende statistieken, maar ook vanwege de wijze waarop hij racet en wint, twijfelt niemand eraan dat Hamilton de beste is van zijn generatie. Het is Mercedes, met Lewis Hamilton aan het stuur, dat verslagen moet worden.

4

Grand Prix van Emilia-Romagna

Omdat China vooralsnog van de kalender valt, schuift Imola weer in. In het najaar is er al een Grand Prix van Italië, dus wordt de race vernoemd naar de regio: Emilia-Romagna. Ik houd van Imola, om zijn enorme historie en legendarische bochten zoals Tosa, de tsjik-tsjak-chicane Variante Alta, de afdaling naar Rivazza en natuurlijk Tamburello, al is die bocht na het drama van 1994 gekortwiekt door een chicane. Hamilton is de snelste in de kwalificatie. Naast hem op de eerste rij staat Sergio Pérez. Max is derde; zevenentachtig duizendste kwam hij tekort, na een minimaal foutje in de Tamburello-chicane. Niks aan de hand, de race pace is goed.

Kort voor de race op zondag regent het in Italië. Flink. De baan is drijfnat. Op weg naar de grid peilen de coureurs de toestand van de baan. Ondanks het feit dat de regen gestopt is, is het nog steeds te nat. Bijna iedereen kiest voor de intermediate-band, de band met weinig profiel, die grip heeft in de regen, maar het ook op een opdrogende baan nog wel een tijdje uithoudt. Dat het nog erg nat is, bewijst Charles Leclerc: tijdens de formatieronde schuift hij in Acque Minerali van de baan. Gelukkig voor alle Ferrari-fans raakt hij niets en kan hij door. Even later, als de rode lichten uitgaan, komt Hamilton goed weg. Hij drijft zijn auto meteen iets naar rechts om Pérez geen kans te geven, maar ziet dan pas aan de linkerkant Max op gelijke hoogte komen! Max heeft een raketstart. Er is duidelijk hard gewerkt bij Red Bull, want vorig jaar was de start nog een van de mindere punten van de auto, zeker in de regen. Zij aan zij gaan ze door de milde knik naar links, vol gas, op de Tamburello-chicane af. Op het natte wegdek toch zo laat mogelijk remmen. Max heeft in de eerste knik naar links de binnenkant, Hamilton gaat naast hem buitenom. Maar daar begint meteen de bocht naar rechts. Max voorop, geeft geen krimp, hij houdt zijn lijn door de chicane en stuurt naar rechts, waardoor voor Hamilton, nu aan de binnenzijde, het asfalt ophoudt. De voorwielen toucheren, Lewis moet over de kerbs. De Mercedes stuitert hevig over de drie gele 'stokbroden', verliest een stukje van de voorvleugel en moet genoegen nemen met plaats twee. Dit is het. Iedereen is overeind gesprongen, commentatoren gillen het uit. De zevenvoudige wereldkampioen brutaalweg opzij gedrumd door de kroonprins. Geen ontzag, maar in de volle overtuiging: ik ga hier aan de leiding, ik pak de racelijn, dat stuk asfalt is voor mij. Deze strijd, die willen we zien.

Meteen is er ook weer een safetycar. Latifi is naast de baan gegleden en vervolgens tegen Mazepin aangereden: crash. Geen zorgen: papa betaalt de rekening. *Paydrivers* onder elkaar. Na de herstart komt Hamilton voor de Tamburello-chicane nog even uit de spray achter Max tevoorschijn, maar hij heeft geen schijn van kans. In de volgende ronden bouwt Max een comfortabele voorsprong op. In de regen is hij overduidelijk in zijn element.

De baan droogt op, er komt stilaan een droge lijn op het circuit. Wie durft zo dadelijk het eerst over te stappen naar de droogweerbanden, de profielloze slicks? Meestal is het een van de mindere teams die de gok waagt, in de hoop zo wat plaatsen goed te maken. Vettel is de eerste. De andere teams kijken vanaf nu naar zijn rondetijden: is hij nu sneller? Dat is hij, want niet veel later komt Max naar binnen voor de bandenwissel, geen undercut voor Hamilton dit keer. Een ronde later volgt Lewis. Zijn pitstop is echter langzaam, de achterstand groeit. En hij komt in het verkeer terecht: tussen de langzamere deelnemers. Wanneer hij die snel voorbij wil steken, moet hij af en toe van de droge lijn afwijken en daar is het nog spekglad. In Tosa gaat het mis. Als Lewis probeert bij Russell binnendoor te glippen, verliest hij op het natte wegdek de grip en glijdt rechtdoor de grindbak in. Een zeldzame fout van de wereldkampioen! Is het de druk? Druk, die hij lang niet zo gevoeld heeft? Met moeite en de nodige precisie weet Hamilton zijn auto achteruit de grindbak uit te rijden. De voorvleugel is echter beschadigd, hij moet naar de pits. Het kost hem veel plaatsen en zelfs een hele ronde op Max.

Dan is er plots een rode vlag. Vlak voor de Tamburello-chicane zijn Bottas en Russell op elkaar gereden. Een megacrash. De herhaling laat zien dat Bottas geen ruimte geeft. Russell raakt het natte gras, spint direct en beide auto's slaan hard tegen de afzetting, tollen rond en komen, de Mercedes rokend, naast de chicane tot stilstand. Kon Bottas het niet verkroppen dat de man die steeds vaker wordt genoemd als zijn plaatsvervanger bij Mercedes hem ging passeren? Russell denkt van wel. Hij is woedend, klimt uit de wagen en tikt Bottas boos op zijn helm. Beiden zijn gelukkig in orde. De rode vlag betekent dat de race wordt stilgelegd om de boel op te ruimen. Iedereen moet terug naar de pits. En dat is het geluk van Hamilton. Vóór de herstart (achter de safetycar vanwege de nog altijd natte omstandigheden) mogen de auto's die op een ronde achterstand rijden alvast wegrijden. Deze regel is in 2012 ingevoerd, zodat de achterblijvers de leiders in de race niet in de weg zullen zitten. Op die manier kunnen zij meteen een hele ronde achterstand goedmaken. Zo ook Lewis, hij ligt nog steeds negende, maar heeft nu alle concurrentie weer pal voor zich. Met nog een halve race te gaan. Op weg naar de herstart is er nog een momentje voor Max: in Rivazza glijdt hij een moment opzij, het natte gras op, nipt weet hij de Red Bull op de baan te houden. Schrikseconde. Vanaf de herstart controleert Max het resterende deel van de race. Achter hem vinden de gevechten plaats. Pérez, op plaats vier, glijdt daarbij in de grindbak. En Hamilton rukt op. In ronde 55 passeert hij Leclerc eenvoudig voor de Tamburello-chicane en is alweer derde. Vijf ronden later verschalkt hij Norris op dezelfde plek. De Mercedes is zoveel sneller. Alleen niet sneller dan de Red Bull. Max wint. Hamilton beperkt de schade met een tweede plaats. Omdat hij aan het slot ook nog de snelste ronde rijdt (waarvoor hij één WK-punt krijgt), behoudt hij de leiding in het kampioenschap. Maar het beeld van de twee duellerende titelpretendenten in de Tamburello-chicane beklijft – dát is wat we willen zien.

Stand:
Hamilton 44
Verstappen 43

5

Nummer 1

Is het duel in de Tamburello-chicane de opmaat voor 2021? Twee Formule 1-coureurs die een stuk asfalt opeisen, waar er maar plek is voor één. Die de leiding willen hebben; die de voorste, de snelste, de beste willen zijn. Niet alleen in deze ene Grand Prix van Emilia-Romagna, maar in alle races, overal. De beste in de Formule 1.

De een is het al zeven jaar. Of eigenlijk al veel langer. Lewis Hamilton, geboren op 7 januari 1985, debuteerde in 2007 in de Formule 1. Tot aan 2021 reed hij 266 Grands Prix, won er 95 en werd zevenmaal wereldkampioen. Als negenjarig ventje stapte hij ooit op Ron Dennis af. Ron Dennis, de spijkerharde technocraat, destijds teambaas van Formule 1-topteam McLaren. Dennis had met Lauda gedeald, met Prost en Senna, hij leidde een miljoenenbusiness en liet voor iedere race de vloer in zijn pitbox betegelen met marmer. 'Ik ben Lewis Hamilton,' sprak het ventje, 'en op een dag wil ik graag voor uw team rijden.' 'Bel maar eens terug als je een jaar of zestien bent,' had de kindervriend geantwoord. Vijf jaar later belde hij hem zelf maar op, om te vragen of de jonge kartkampioen deel wilde uitmaken van het McLaren Young Driver Programme. Tien jaar later, in 2008, was Lewis Hamilton voor het eerst wereldkampioen Formule 1. Toen al wist iedereen:

dit wordt een hele grote. Het klonk onvoorstelbaar destijds, maar deze man zou de records van Schumacher wel eens aan flarden kunnen rijden. Het duurde even, maar sinds het hybridetijdperk lijkt hij onoverwinnelijk; en jawel, bijna alle records van Schumi zijn inmiddels gesneuveld.

De ander is het nog niet. Maar niemand in de Formule 1 twijfelt eraan dat hij het in zich heeft om het te worden. Max Verstappen, geboren op 30 september 1997, debuteerde in 2015 in de Formule 1. Tot aan 2021 reed hij 119 Grands Prix en won er 10. Het is niet zozeer de vraag óf hij wereldkampioen wordt, als wel wanneer. Hij is er min of meer voor in de wieg gelegd. Als dreumes wandelde hij al door de paddock, als kleuter scheurde hij al op een kart. Opgegroeid in de Formule 1, getraind, gehard en begeleid door zijn vader. Het racen zit hem in alle vezels. Van de karts stootte hij binnen één jaar door naar de Formule 3 en de Formule 1. Al bij zijn entree in de koningsklasse brak Max diverse records: de jongste Grand Prix-coureur ooit, de jongste Grand Prix-winnaar ooit. De jongste wereldkampioen kan hij inmiddels niet meer worden. Maar statistieken boeien hem niet. Racen en winnen is zijn natuur. Daarom verblikt of verbloost de kroonprins niet wanneer hij de koning uitdaagt. Het klinkt onvoorstelbaar, maar Max zou in de nabije toekomst zomaar eens de records van Hamilton aan flarden kunnen rijden.

Statistieken zijn slechts een mager houvast. Want het gaat om iets veel persoonlijkers. Iets wezenlijks. Het is de wil om vooraan te rijden, de wil om de allerbeste te zijn, te winnen. En het mooie is dat Lewis en Max al een paar jaar tegen elkaar rijden, en dat hun onderlinge strijd dit seizoen wel eens tot een kookpunt zou kunnen komen. Want het is ongelofelijk hoezeer ze dit jaar aan elkaar gewaagd zijn. Na een rondje over een circuit van zo'n vijf kilometer, met snelheden die variëren van zestig tot driehonderdtwintig kilometer per uur, twintig keer schakelen, knopjes omzetten aan het stuur, de juiste lijnen kiezen, op exact het juiste moment remmen, insturen, een flufje kerb meepakken en net niet te vroeg op het gas, de banden voelend, alsook de wind en het humeur van het asfalt vandaag, komen zij uit op een verschil van een paar honderdsten, soms zelfs duizendsten, van een seconde. Een tijdspanne voor ons te kort om zelfs maar met onze ogen te knipperen.

Natuurlijk, de auto moet top zijn. Perfect afgesteld, *motor settings*, wielophanging, gaspedaal, bandenspanning, alles. Het team moet top zijn, je moet er blindelings op kunnen vertrouwen dat alles tot in de puntjes is uitgevoerd. En jij moet top zijn, sterk, verbeten, maar ook geconcentreerd, volledig gefocust, op de toppen van je kunnen. Maar ja, dat kunnen er wel meer... Wat is het dat juist Max en Lewis daar in die Tamburello-chicane zo tot op het randje strijden om de leiding in de race? Zijn zij sneller, gehaaider? Hebben zij meer racecraft dan de rest? We komen dichterbij. Wat racecraft betreft doen zij niet voor elkaar onder, maar er zijn nog wel een paar coureurs die hier minimaal dicht bij in de buurt komen. Wat is het dan? Is het moed? Lef? Of bluf en bravoure? Misschien zit ook daar wel iets van bij, maar het gaat dieper. Ik denk dat beide coureurs er volkomen van overtuigd zijn dat zij daar hóren te rijden. Dat zij de snelste en de beste van het hele pak zijn, de absolute nummer één. En beiden hebben een ijzeren wil om dat keer op keer te bewijzen. Ach, hadden wij gewone stervelingen slechts een greintje van die wil en die overtuiging, ons leven zou er heel anders uitzien. Daarom kijken we zo graag sport, en in het bijzonder Formule 1.

Het nummer 1 is in de Formule 1 elk jaar gereserveerd voor de regerend kampioen. Lewis heeft er nooit mee gereden. Ja, een keer tijdens een training, op verzoek van zijn monteurs, om hen een plezier te doen, voor de foto. Hij houdt liever vast aan zijn eigen racenummer, 44. Het tekent Lewis: zijn persoonlijke sterstatus stijgt inmiddels ver boven de Formule 1 uit. Max heeft al aangekondigd dat hij, als het zover is, wel met het nummer 1 op zijn auto zal rijden. Het tekent zijn intenties. Daarom zullen ze steeds opnieuw gaan voor dat ene stukje asfalt, helemaal vooraan. Nog is er wederzijds respect. Lewis zit nog op zijn troon. In zijn achteruitkijkspiegel is Max echter steeds dichterbij gekomen. Max is gegroeid. Ook in de ogen van Hamilton: van '*this guy*' tot '*dude*' tot 'Max'. Wie weet schopt hij het ooit tot '*bro*'. Want Lewis ziet en herkent de gretigheid van zijn opponent. Met al zijn titels op zak heeft hij op de baan regelmatig ruimte gelaten voor de jonge wolf, vindt hij. Maar dit jaar dreigt Max wel heel erg dichtbij te komen, langszij zelfs. Wat als het er straks echt op aan komt en de een misschien te veel wil en de ander niet meer wijkt?

6

Grand Prix van Portugal

Samen met het Italiaanse circuit Mugello was Portimão in Portugal de ontdekking uit 2020. Twee spectaculaire circuits, als achtbanen golvend en draaiend. Formule 1-auto's werden wild heen en weer geslingerd door lang doordraaiende bochten, blinde bochten, omzoomd door ouderwets dreigende grindbakken. Het is een fantastisch gezicht om de auto's in Portimão over de heuvel na bocht 8 omlaag te zien razen, omhoog door 9, en na een soort plateau omlaag door 11, en weer omhoog door 12 en 13, waarbij de coureurs voortdurend moeten corrigeren om goed uit te komen in de lange bocht 14 omlaag en dan volle bak het rechte stuk op.

In het slotdeel van de kwalificatie rijdt Max de snelste tijd van de dag, maar omdat hij bij een momentje in bocht 4 over de track limits is gegaan, wordt zijn tijd geschrapt. Bottas is daarop de snelste, op zeven duizendste gevolgd door Hamilton. Max heeft nog één run, maar blijft steken op drie tienden achter de twee Mercedessen.

Ook de start in Portimão is mooi. Even lijkt het gewoon rechtuit te gaan, maar dan volgt een duik de diepte in, naar bocht 1. De leiders komen goed weg, Bottas, voor Hamilton en Max. Net als in de voorgaande races is er een vroege safetycar. In de tweede ronde kijkt Räikkönen iets te lang op zijn stuur en rijdt tegen de achterkant van zijn teamgenoot Giovinazzi op. Voorvleugel weg, geen grip meer, kansloos glijdt de Alfa rechtdoor het grind in. Vijf ronden later is de herstart. Zodra de safetycar bij de pitsingang de baan verlaat, mag de voorste auto, Bottas in dit geval, het tempo bepalen. Zodra hij gas geeft, gaat het los, inhalen mag pas na de finishlijn. Hamilton volgt, met in zijn kielzog Max, die heel goed heeft opgelet. De Red Bull gaat helemaal schuil achter de Mercedes, pakt de slipstream, schiet dan naar links en passeert met meer snelheid Hamilton aan de buitenkant – genoeg ruimte latend voor zijn tegenstander en keurig binnen de lijntjes. *Game on*. Hamilton laat het er niet bij zitten. Vier ronden later ziet hij Max een beetje te wijd gaan in bocht 14 en zet de aanval in. Hamilton neemt net wat meer snelheid mee en met hulp van DRS (het *drag reduction system*) komt hij rechts langszij en glipt binnendoor de eerste bocht in. Bij het drag reduction system gaat op een recht stuk, wanneer je dicht genoeg achter je voorganger rijdt, in de achtervleugel een flap open, waardoor je korte tijd minder luchtweerstand ondervindt. Zo ontwikkel je meer snelheid en kun je in de volgende bocht tot de aanval overgaan. Het systeem bestaat sinds 2011 en is ingevoerd omdat de aerodynamisch hypersensitieve auto's soms nauwelijks vlak achter elkaar kunnen rijden (vanwege de turbulentie die ontstaat) waardoor inhalen erg lastig wordt. DRS helpt. Puristen vinden het nep en op sommige circuits wordt inhalen op deze manier wel erg makkelijk, maar in veel gevallen is het toch wel effectief.

Nu Hamilton achter zijn teamgenoot rijdt, komt meteen de vraag op of Bottas Hamilton langs zal moeten laten. Mercedes pocht altijd dat de twee coureurs tegen elkaar mogen racen. Het is nog vroeg in het seizoen, maar de strijd om de titel kan dit jaar wel eens heel close worden... Hamilton lijkt sneller. En als het op een duel aankomt, is hij de Fin zeker de baas. In de 20e ronde valt Hamilton aan in bocht 1. Even lijkt Bottas met een minimaal zwiepje opzij weerstand te bieden, maar dan laat hij Hamilton genoeg ruimte om te passeren. Mercedes een en twee, in de gewenste volgorde. Max moet iets doen. In de 36e ronde maakt hij als eerste zijn pitstop om banden te wisselen. Het team probeert de undercut. Op de boordradio wordt Bottas gewaarschuwd: flink doortrappen nu en de pits in komen. Terwijl Bottas een zo snel mogelijke in-lap rijdt, rijdt Max een zo snel mogelijke out-lap. Bottas stopt, laat in no-time zijn banden wisselen en speert (maximumsnelheid tachtig per uur) de pits weer uit, op het moment dat Max over start-finish komt. Bottas komt vóór Max de baan op, maar de Red Bull vliegt in volle vaart op de Mercedes af. De banden van Max zijn nu veel warmer dan die van Bottas, hebben meer grip. Nu moet het gebeuren, dat weet Max ook. Hij sluit aan in bocht 2 en 3, loert, en positioneert zich bij het uitkomen van bocht 4 links naast Bottas, zodat hij in de volgende bocht de binnenkant heeft en Bottas achter zich laat.

Aan het slot van de race is er nog een strijd om het ene WK-punt voor de snelste ronde. Hamilton heeft lange tijd de snelste ronde op zijn naam, tot Pérez harder gaat. Kort daarna gaat Bottas weer sneller. Omdat Bottas speciaal is gestopt voor zachte banden, kan Max nu ook stoppen zonder een plek te verliezen. In de allerlaatste ronde ontfutselt hij Bottas de snelste rondetijd. Dat levert toch een extra WK-punt op. Dat hem echter onmiddellijk weer wordt afgenomen, omdat hij in bocht 14 de track limits overschreden heeft. 'Daar gold het toch niet?' vraagt hij verbaasd over de radio. Blijkbaar heeft Red Bull de laatste mededelingen van de wedstrijdleiding hierover niet verwerkt... Details, millimeterwerk. Wordt hierop de titelstrijd beslist?

Maandag na de race foetert dr. Helmut Marko, de talentenscout en adviseur van Red Bull, nog wat na over de track limits. Ze hebben Max nu een race, een pole en een snelste ronde gekost. Afschaffen die onzin, vindt dr. Marko. En eigenlijk heeft hij wel gelijk. Laat de coureurs zelf hun traject kiezen. Formule 1 gaat niet over binnen de lijntjes kleuren. En als je echt niet wilt dat de coureurs een bocht te creatief nemen, zet er dan een muur neer, leg er een grindbak of hogere kerbstones naast, dan kijken ze wel beter uit.

Stand:

Hamilton	69
Verstappen	61

7
Bandenpoker

Zolang als de Formule 1 bestaat, weten coureurs, ingenieurs en teams dat de banden het zwarte goud van de sport zijn. Zeventig jaar geleden al beslisten Pirelli-banden over de uitkomst van het wereldkampioenschap. Voor de laatste, beslissende race in de straten van Barcelona koos Ferrari plotseling voor kleinere wielen, wat resulteerde in veel meer bandenslijtage. Al na een paar rondjes voelde Fangio de rubberspatten op zijn racebril en wist hij dat Ascari ging verliezen. Ascari moest uiteindelijk drie keer naar de pits om banden te wisselen en Fangio werd kampioen, voor Alfa. Het kostte hem wel wat. Want vooraf hadden de rivalen afgesproken dat de winnaar een etentje zou geven, waarbij de verliezer de gasten en de locatie mocht uitkiezen. De donderdag na de race dineerden vijftig gasten feestelijk in het Savini-restaurant in de Galleria del Duomo in Milaan. Fangio betaalde keurig de rekening. Zien we Lewis en Max ook zoiets doen?

Lange tijd concurreerden diverse bandenfirma's met elkaar in de Formule 1. Dunlop, Goodyear, Firestone, Michelin. In de loop van de jaren zestig, toen het motorvermogen met sprongen toenam, werden de banden steeds breder en in 1971 verschenen de eerste slicks, banden zonder profiel. Maximale grip. Soms was er sprake van een ware bandenoorlog, de banden werden daardoor steeds beter, maar de beste banden gingen vaak wel naar de topteams, omdat dan de kans op winst groter was. Hetzelfde gold overigens voor de motoren. Lange tijd waren er ook kwalificatiebanden, die uitzonderlijk veel grip boden maar slechts een paar rondjes meegingen. Een enkele keer ontspoorde het. Zoals in 2005, toen Michelin zich verkeek op Indianapolis en de banden ploften onder de zware druk van de baan. Een weekend lang was er politiek getouwtrek, maar een oplossing werd niet gevonden, zodat alle Michelin-teams zich na de opwarmronde terugtrokken. Sinds 2007 kent de Formule 1 per seizoen nog maar één bandenleverancier. Om de boel wat op te schudden introduceerde Bridgestone, op verzoek van de FIA, twee verschillende compounds (rubbersamenstellingen): een harde band en een zachte band, die beide gebruikt moesten worden tijdens een race. Pitstops werden dus verplicht.

Vanaf 2011 is Pirelli op dit spoor doorgegaan. Pirelli kreeg van de organisatie zelfs een speciale opdracht: om te zorgen voor nog meer spektakel moesten er verschillende soorten banden komen die snel versleten en in elk geval geen hele race meegingen. Zo gezegd zo gedaan: er kwamen hardere banden waarmee je wat langer, maar minder snel kon doorrijden en zachtere banden, waarmee je sneller, maar minder lang kon doorrijden. De banden waren voor het publiek van elkaar te onderscheiden door een gekleurde wang (de supersofts waren rood, de softs geel, de mediums wit en de harde zilver). Werkte het? Zeker. Aanvankelijk hadden de teams grote moeite om de verschillende rubbers te doorgronden. De banden werkten pas echt goed op een bepaalde temperatuur; de *sweet spot* vinden, daar ging het om. De ene keer lukte dat wel, een andere keer totaal niet. Zo kwamen er flink meer inhaalacties. In 2012 kenden de eerste zeven races zelfs zeven verschillende winnaars! Iedereen blij. Maar algauw bleek dat nogal wat gevechten op de baan schijngevechten waren, omdat de coureurs op verschillende momenten op verschillende banden reden. De banden kregen te veel invloed, werd er geklaagd. Het ging ook wel eens mis. Spectaculair waren de plofbanden op Silverstone in 2013. De ene na de andere band explodeerde zonder aankondiging, rondflapperend rubber overal. 'Gelukkig maar dat Pirelli geen condooms maakt,' werd er getweet. De bandenfirma wees naar de teams die zouden experimenteren met lagere bandenspanningen en extreme afstellingen om meer uit de banden te halen, met alle risico's van dien. De teams vervloekten de bandenmaker, die uiteindelijk het ontwerp aanpaste. De marges waarmee de teams mogen spelen, zijn sindsdien strenger geformuleerd. Intussen bouwde Pirelli de variatie aan compounds uit en beschikte op een moment zelfs over vijf verschillende droogweerbanden. Sinds 2019 zijn er elk weekend weer drie compounds beschikbaar. Deze worden vooraf door Pirelli uit vijf soorten geselecteerd, afhankelijk van het circuit en het asfalt. Sommige banen zijn immers notoire bandenvreters, andere zacht als een biljartlaken. De teams beschikken dan over een vooraf te bepalen, beperkte hoeveelheid banden: soft (met de rode wang), medium (met de gele wang) en hard (met de witte wang). Men is verplicht om met minimaal twee soorten te rijden in de race. Voor natte omstandigheden is er de intermediate (met de groene wang), een band met weinig groeven voor lichte regenval en de *full wet tyre* (met blauwe wang) voor hoosbuien en grote plassen op de baan.

In het begin van de compoundvariatie was het nog zoeken voor de teams en kon je met de bandenstrategie nog wel eens iets verrassends proberen. Ik noemde dat destijds bandenpoker; de term is inmiddels wijdverspreid. Echter, na tien jaar hebben alle teams de trucs wel door, en berekenen simulatieprogramma's elk weekend welke band op welk moment het beste is. Zo starten de topteams momenteel het liefst op de medium-band. Met relatief zware auto's is er natuurlijk meer slijtage en met de mediums kun je wat langer doorrijden en makkelijker inspelen op onverwachte situaties, zoals een safetycar, of plotse regenbuien. Aan het slot van de race is er dan mogelijk nog een soft-band over, om er een eindsprint uit te persen. Maar bijvoorbeeld met de twee stints op de harde band nam Mercedes Red Bull aardig in het ootje in Bahrein.

De meeste kritiek op het hedendaagse bandenbeleid van de Formule 1 kwam, en komt af en toe nog, van de coureurs. Zij voelen zich beperkt. Ze kunnen niet meer voluit racen, maar zijn voortdurend bezig met het managen (lees: sparen) van de snel slijtende banden. Kijk maar naar de rondetijden in de race, die zijn altijd seconden langzamer dan in de kwalificatie. Racers willen alles uit hun auto halen, maar de banden zijn nu de zwakste schakel. Dat is eigenlijk jammer. Intussen is iedereen eraan gewend. En het gaat er nog steeds om wie het hardst kan rijden, maar dan wel binnen de grenzen van het bandenmanagement. In die zin zijn de banden nog altijd het zwarte goud.

8

Grand Prix van Spanje

Omdat de teams het circuit de Catalunya bij Barcelona inmiddels kunnen dromen – in het verleden werden de wintertests vaak hier gehouden – en omdat het circuit een mix is van snelle en langzame bochten, korte en doordraaiers en lekker lange rechte stukken, luidt een modern Formule 1-spreekwoord: als je auto in Barcelona goed is, is hij overal goed. Wanneer de kruitdampen van de kwalificatie zijn opgetrokken, staat Lewis Hamilton op poleposition. Zijn honderdste pole. Naast hem op de eerste startrij: Max. Het verschil is zesendertig duizendste van een seconde. Een fractie van een halve oogwenk. Overal goed.

Net als in Portugal, een week eerder, is de start een lange sprint met een duik omlaag naar de eerste bocht. Max is een fractie beter weg dan Lewis. Twintig auto's storten zich omlaag. Het hele veld waaiert breed uit, het is dringen geblazen, altijd een heerlijk gezicht. Max komt rechts langszij bij Lewis en heeft zo dadelijk de binnenkant van de bocht. Zij aan zij vliegen ze erin. Geen van tweeën wil afgeven. De wagens toucheren elkaar, Lewis maakt, om erger te voorkomen, een lichte stuurcorrectie naar buiten, blijft net op het asfalt, en Max pakt de leiding. Dit zijn de gevechten. Kort, maar intens. Hier gaat het om. Max voor Lewis, gevolgd door Leclerc, die Bottas voorbij is, dan volgen Ricciardo, Ocon, Pérez, Sainz, Norris en de rest. Spoedig is er alweer een korte safetycarfase, wanneer er een gestrande AlphaTauri moet worden weggesleept.

Bij de herstart loert Lewis kortstondig achter Max, al moet hij zelf oppassen dat Leclerc hem niet verrast. Het ontloopt elkaar allemaal weinig. In de volgende fase wacht Lewis af. Max dicteert de race. In de 25e ronde is het Max die als eerste binnenkomt om banden te wisselen. Vier nieuwe medium-banden in vier seconden. Voor Red Bull-begrippen is dat traag. De linkerachterband was te laat op zijn plaats. Maar als Lewis drie ronden later stopt, neemt Max de leiding gewoon weer over. Max voor Lewis. Op ruime afstand inmiddels gevolgd door Bottas, Leclerc, Ricciardo en Pérez. De vraag, zoals wel vaker in Spanje: is een éénstopstrategie sneller dan een tweestopper? Vijf jaar geleden won Max hier zijn eerste Grand Prix door bij één stop te blijven, waar concurrenten Ricciardo en Vettel voor twee stops gingen. Op totaal versleten banden ging Max toen als eerste over de streep. Zijn eerste zege. Wat waren we allemaal van de kaart die middag, niemand vergeet het meer…

Intussen zijn we tamelijk verwend geraakt. We gaan het al gewoon vinden wanneer Max de race dicteert. Maar Hamilton zit hem op de hielen. Vergt Lewis meer van zijn banden en gaat hij misschien toch voor een tweede stop? Op twee derde van de race, in ronde 42, komt het antwoord: op het rechte eind buigt Lewis naar rechts en rijdt de pits in, tweestopper. Op een verse set mediums stormt hij de pits weer uit. Drieëntwintig seconden achter Max.

Kan hij dat goed maken? 'Dit heb je al eens eerder gedaan,' moedigt zijn engineer hem aan. Bij Red Bull voelen ze de bui al hangen. 'Het gaat weer net als in Hongarije 2019,' zucht teambaas Horner over de radio. Vooralsnog leidt Max de race, voor Bottas, Hamilton, Leclerc, Ricciardo, Pérez en Sainz. Daarachter vinden allerlei vermakelijke duels plaats, maar iedereen kijkt naar de leiders, daar gaat het om in 2021.

Lewis moet eerst zijn teamgenoot voorbij. Natuurlijk krijgt Bottas de opdracht om Lewis niet te hinderen, maar de Fin maakt het hem niet gemakkelijk. Pas na dik een halve ronde geeft hij wat ruimte. Heeft Bottas genoeg van het eeuwige plaatsmaken voor de nummer 1 in het team? Eenmaal Bottas voorbij opent Lewis de jacht op Max. Nog veertien ronden, nog elf seconden. In de control room in Engeland blozen de simulatieprogramma's van vreugde, ze weten precies hoe het zal gaan. In ronde 60 heeft Lewis Max in zijn greep. Het verschil in de kwaliteit van de banden is te groot. Max weet hoe laat het is. Met banden die veel slechter zijn, ben je een gemakkelijke prooi, een *sitting duck* in de Formule 1. Op het rechte eind gebruikt Lewis de DRS en speert Max buitenom voorbij. Onbedreigd koerst Lewis daarna op zijn 98e Grand Prix-overwinning af. Max maakt nog een late stop voor zachte banden om het punt voor de snelste ronde te pakken. Maar een slimme strategie, snaarstrak uitgevoerd door Lewis Hamilton, brengt Mercedes de zege. Bij Mercedes wordt dit uitbundig gevierd. Ze voelen de hete adem van Red Bull in de nek, maar opnieuw weten ze een overwinning uit het vuur te slepen. Bij Red Bull krabt men zich achter de oren. Natuurlijk, het is een fantastische start van het seizoen, beter dan alle voorgaande jaren. En het seizoen is nog lang. Maar van de vier races, waarin de Red Bull minimaal gelijk leek aan de Mercedes, is er vooralsnog maar één gewonnen. Het momentum, zo het er al was, dreigt Red Bull door de vingers te glippen.

Stand:	
Hamilton	94
Verstappen	80

9

Het kroonjuweel

Op een ochtend in mei 1961 loopt Ferrari-coureur Phil Hill, moe van de eerste trainingsritten door Monaco, in zijn bezwete en besmeurde overall de trappen op van het Hôtel de Paris. Voor de deur houdt een oude barones hem staande: 'Zeg eens, jongeman, hoor jij bij die lui die hier vanmorgen zo'n lawaai maakten?' Hill, zich van geen kwaad bewust, geeft keurig antwoord: 'Jawel mevrouw, we waren aan het trainen.' De oude vrouw trekt ontstemd een wenkbrauw op: 'Kunnen jullie voortaan niet ergens anders gaan trainen?' Uit de dagen dat de adel en de Formule 1 nog samen in Monaco pasten. Inmiddels past de Formule 1 er eigenlijk al niet meer in. Naarmate de auto's breder en veel sneller werden, werd Monaco te krap. Niki Lauda vond racen in Monaco met de 1000 pk sterke turbo-auto's, halverwege de jaren tachtig, 'pervers'. Nelson Piquet noemde het 'helikoptervliegen in je eigen huiskamer'. In 2021 zijn de auto's nog veel groter, langer en breder dan de wagens destijds en met de elektronische boost tikken sommige alweer bijna 1000 pk aan. Maar o, wat blijft het een genot om naar te kijken. Wat heb ik juist Monaco gemist, besef ik, wanneer de wagens op donderdag onder de boompjes vandaan de baan opgaan. Monaco is een anachronisme. Een ritueel. Het is het kroonjuweel. Het mag niet ontbreken.

Gerhard Berger noemde Monaco 'het theater van de snelheid'. Omdat het circuit zo in het prachtige decor geperst ligt, zie je pas goed hoe hard het gaat. En elke bocht, elk hoekje, elk zebrapad heeft een verhaal: Ste. Dévote, waar Derek Daly in 1980 kort na de start over een keur aan concurrenten heen stuiterde, Mirabeau, waar Lauda boven op Pironi reed, Loews (ik blijf gewoon Loews zeggen), waar Damon Hill meisjes onder de rokken keek, Tabac, waar werkelijk een Bureau de Tabac is, waar Graham Hill zijn sigaretten haalde, en Rascasse, voorheen Gazomètre, waar Jack Brabham in 1970 in de allerlaatste ronde crashte en zo de zege aan Jochen Rindt moest laten. En niet te vergeten: de tunnel. Ik heb er gestaan, in de tunnel. Horen en zien vergaat je. Geluid dat dwars door je botten gaat, je oogholtes, haarvaten, zenuwbanen, galblaas, alles. Al je neurotransmitters gloeien op de grens van paniek en genot. Tweehonderdtachtig doen ze daar. Bij het uitkomen van de tunnel kun je aanvallen, passeren, althans het proberen, al moet je wel van die onzichtbare hobbel afblijven, anders ga je in de chicane op de kade geheid voor de bijl. Gekkenwerk is het. Met tweehonderdvijftig vlak langs de vangrails razen, soms zelfs ertegenaan. De vangrails hier en daar een beetje bijbuigen hoort erbij, vond Nigel Mansell. De logo's van je banden af rijden, stoer. Ga maar eens kijken in de zwembadchicanes. De eerste, maar vooral de tweede chicane, hoe de banden daar nanometers langs de vangrail aan de binnenkant gieren, terwijl ze ook nog eens over de kerbstones stuiteren. Natuurlijk gaat het ook wel eens mis. En dat is ogenblikkelijk funest. Wil je net iets te veel, of let je net even niet genoeg op, dan knal je ertegenaan. Breekt de ophanging, staat je wiel scheef en glijd je stuurloos in de vangrail bij het verlaten van de bocht. Omdat het tempo hoog ligt, is er vaak grote schade.

Max overkwam het in 2018. Op een bijzonder ongelukkig moment. Nadat Red Bull alle trainingen had gedomineerd, ging Max aan het eind van de derde vrije training in de fout. In de tweede zwembadchicane tegen de vangrail. Veel schade. Hierdoor miste hij de kwalificatie en moest hij de race achteraan beginnen – op het circuit waar je niet kunt inhalen. Het was het dieptepunt in zijn nog jonge Formule 1-carrière. In een voorjaar waarin hij misschien te veel uit de auto wilde halen om aan te haken in de titelstrijd, maar door foutjes en incidenten steeds verder achteropraakte. Een gesprek met vader Jos haalde hem uit die spiraal. Een les uit de karttijd. Hij hoefde niet voortdurend tot het uiterste te gaan om te laten zien dat hij de snelste was, als hij het af en toe wat kalmer aan deed, bleef hij nog steeds vooraan. Het hielp. Nadien zette Max een indrukwekkende reeks neer van eenentwintig finishes binnen de top vijf. Het was een keerpunt geweest. Al beweerde Max dat er aan zijn rijden helemaal niks was veranderd.

Sinds 2015 woont Max in Monaco. Maar zijn 'thuisrace' heeft hem nog weinig geluk gebracht. In 2015 was er de botsing met Grosjean bij Ste. Dévote, waarbij Max frontaal in de vangrail kletste. Zijn eerste echt heftige crash in de Formule 1. Ik herinner me de schrik: o mijn god, zijn benen! Maar de safetycel, de onkreukbare cockpit, had zijn werk keurig gedaan. Max was een beetje beurs, maar had niks gebroken. In 2016 was het voor Max een heel weekend vol crashes, eerst op zaterdagochtend in Massenet, daarna bij het zwembad tijdens de kwalificatie en tijdens de race opnieuw in Massenet. Het weekend in Monaco draait om ritme, er steeds beter in komen; één foutje, één crash en het ligt in duigen, helemaal. In 2017 ging het beter, Max finishte als vijfde. In 2018 was er het dieptepunt bij het zwembad. In 2019 finishte hij als tweede, maar tuimelde van het podium door een tijdstraf vanwege een akkefietje met Bottas in de pitstraat. Zal het in 2021 beter gaan? De verwachtingen zijn zoals altijd hoog, want dit is Monaco, het kroonjuweel, de race die iedere Formule 1-coureur het liefst zou winnen.

10

Grand Prix van Monaco

Verrassing tijdens de trainingen en kwalificatie in Monaco. Ferrari komt naar voren, strijdt zelfs mee om de pole. Tijdens de kwalificatie wisselen Max, Bottas en Charles Leclerc elkaar af als de snelste op de baan. In Q3, het beslissende derde deel, zet Leclerc ogenblikkelijk een snelle tijd neer. De anderen lijken er niet aan te kunnen komen. Bovendien wordt hun laatste poging gedwarsboomd door... Leclerc. Bij het zwembad, in de tweede chicane, overkomt het hem: de klassieke bump tegen de vangrail aan de binnenkant, ophanging gebroken, stuurloos tegen de vangrail. Grote schade. Even denk je dat Leclerc een streek uithaalt, zoals Schumacher en Rosberg ooit deden, door met de snelste tijd op zak de sessie te stoppen met een geënsceneerde crash. Maar deze crash is te heftig voor zo'n grap. Leclerc – Monegask, dus hij rijdt echt een thuisrace – is totaal van de kaart. Als de schade te groot is, moet de versnellingsbak gewisseld worden en moet hij drie plaatsen terug op de grid... En je plek op de grid is cruciaal voor de race, waarin inhalen bijna onmogelijk is. De Ferrari-monteurs weten wat hun te doen staat. Toch, Leclerc, in een Ferrari, is de snelste. In Monaco! Is Ferrari op de weg terug? Het seizoen 2020 was een rampjaar voor Ferrari. Er werd driftig gereorganiseerd en volgens teambaas Binotto duurde het nog jaren voor ze terug zouden zijn aan de top. En nu? Leclerc. Voor Max en Bottas. Waar is Hamilton? Het loopt niet. Lewis komt slechts tot de zevende tijd. 'Hier gaan we nog wel even over praten,' moppert hij.

Op zondag hebben de monteurs de auto van Leclerc weer opgekalefaterd. Alles is grondig gecheckt. Er hoefde geen bak gewisseld. Klaar voor de race. Maar op weg naar de grid knapt de aandrijfas linksachter... Dat deel van de auto blijkt niet extra nagekeken. Na een crash met tweehonderd op de klokken kijk je slechts de halve auto na... Ferrari-rood wordt schaamrood. Terug bij af. Leclerc is volledig ontgoocheld. De plaats van de polesitter blijft leeg, dus staat Max vooraan als de lichten doven. Bottas, schuin achter Max, is een fractie beter weg. Maar Max steekt onmiddellijk diagonaal de baan over om Bottas te blokken en zo zijn eerste plek veilig te stellen. De Schumacher-chop. Schumacher werd vijfentwintig jaar geleden door zijn tegenstanders om zo'n brutale move bekritiseerd. Zijn antwoord destijds: 'We zijn hier toch niet op een theekransje?' Zo is het wel. Max, voor Bottas, Sainz, die de Ferrari-eer hoog moet houden, Norris, Gasly, Lewis, Vettel, Pérez, Ocon en de rest. Zo vliegen ze omhoog naar het Casino. Dit is Monaco. Over het Casinoplein en dan omlaag naar Mirabeau en Loews. In Loews dringt Mick Schumacher binnendoor bij zijn teamgenoot Mazepin – geheel in de stijl van zijn vader. Alleen rijden de Haasjes samen hopeloos achteraan.

Het is lange tijd de enige inhaalactie. Pas als de pitstops komen, worden er posities gewonnen en verloren.

Monaco is niet al te wreed voor de banden, één stop is vaak genoeg. Hamilton moet plekken winnen en stopt als eerste in ronde 29. Een ronde later stopt ook Gasly in de AlphaTauri en komt keurig weer vóór Hamilton de baan op. 'Hoe kan ik nou nog steeds achter hem zitten?' moppert Lewis over de boordradio. En als Vettel een ronde later, na zijn stop, en met wat dringen, vóór Gasly terechtkomt, en dus ook voor Hamilton, is het geklaag vanuit de Mercedes niet van de lucht. Intussen is er nog meer drama voor Mercedes in de pits. Het rechtervoorwiel van Bottas zit vast. Muurvast. De pneumatische wielhamers krijgen er geen enkele beweging meer in. Race over. Later blijkt dat Bottas niet helemaal op de juiste positie stond. De monteur met de *wheel gun*, die toch snel wilde handelen, zette de gun vervolgens niet helemaal recht op de wielmoer, waardoor deze meteen helemaal afsleet. Nog nooit vertoond. Pas in de fabriek in Engeland kon het wiel worden afgezaagd.

Max maakt in ronde 34 een perfecte stop: hij staat precies twee seconden stil voor vier nieuwe banden, en houdt zo de leiding in de race. Het lijkt allemaal eenvoudig, maar de concentratie moet optimaal blijven. Vooral niet gaan denken dat je Monaco – ja, eindelijk Monaco! – gaat winnen. Meer actie is er bij teamgenoot Pérez. Op zijn oude banden heeft Pérez er nog een paar snelle ronden uitgeperst, zodat hij na zijn pitstop drie plaatsen heeft gewonnen. In één klap is hij Hamilton, Gasly en Vettel voorbij! Hamilton is na de race sprakeloos. Een beroerd weekend. Geen goede set-up, geen goede strategie. Ongetwijfeld wordt dit op maandagochtend, naast het wiel van Bottas, uitvoerig geëvalueerd. In de 68e ronde komt Lewis nog een keer binnen voor nieuwe banden, zijn voorsprong op het soepie, aangevoerd door Stroll, is groot genoeg. Lewis pakt zo in elk geval nog het punt voor de snelste ronde. Elk punt gaat tellen dit jaar. Max wint, de race die iedere Formule 1-coureur het liefst wil winnen. En passant neemt hij de leiding over in de stand om het wereldkampioenschap. Op het podium staan, naast Max, Carlos Sainz en Lando Norris. Een nieuwe generatie Formule 1-coureurs is gearriveerd.

Stand:
Verstappen 105
Hamilton 101

11
Vleugels

Zeven jaar, sinds de invoering van de hybridemotor, heeft Mercedes de absolute overhand gehad in de Formule 1. Ineens lijkt dat veranderd. De Red Bull RB16B lijkt een match voor de Mercedes W12. Op sommige momenten is de Red Bull zelfs sneller. Natuurlijk zijn Mercedes-ingenieurs in allerijl op zoek naar hoe dat kan. Data worden doorgevlooid; waar zijn ze sneller, in snelle bochten, in langzame bochten of juist op de rechte stukken? Of overal? Er wordt geloerd naar specifieke details aan de wagens. Het is en blijft een raadsel. In Spanje heeft Hamilton tegenover de pers al gehint op de achtervleugel van de Red Bull. Is die misschien te flexibel?

Zijn de banden het zwarte goud van de Formule 1, de aerodynamica is de gouden sleutel tot de snelheid. Downforce is het toverwoord en daarvoor heb je vleugels nodig. Meer dan vijftig jaar geleden leefde men nog in het duister als het gaat om aerodynamica. Een moedige ontwerper liet zich nog wel eens op de motorkap vastbinden om daar het gedrag van een paar vastgeplakte wollen draadjes te bestuderen om zo iets te weten te komen over luchtweerstand. In Amerika schroefde Jim Hall in 1966 als eerste vleugels op zijn Chaparrals. Hall experimenteerde daarnaast ook met groundeffect, met een halfautomatische versnellingsbak en zelfs met een koolstof-monocoque – een genie, zijn tijd ver vooruit. De enorme vleugels drukten onmiddellijk op de achteras, om meer vermogen op de weg te kunnen leggen. Al snel waaide het idee over naar Europa. In 1968 verschenen de eerste voorzichtige vleugels op Formule 1-auto's. Het effect was onmiddellijk voelbaar, meetbaar, waarop iedere constructeur vleugels op zijn auto begon te knutselen. Vleugels die steeds groter werden, breder vooral, en voor een optimale luchtstroom hoog boven de auto's uit op dunne staken werden gemonteerd. Er kwamen zelfs vleugels op de vooras, zodat sommige auto's met brede vleugels voor en achter over de circuits raasden. Tot ze braken. Na een paar gevaarlijke crashes begin 1969 greep de FIA in. De wildgroei werd aan banden gelegd. Belangrijk was dat de vleugels ook niet meer mochten bewegen. Teams hadden pedalen of hendels waarmee de vleugel op de rechte stukken plat en in de bochten juist steil kon worden gezet. Constructeurs begonnen de vleugels nu anders te bevestigen, en ontdekten de windtunnel. Daar kon het optimale rendement gevonden worden.

Vleugels op de raceauto's zijn niet bedoeld om te vliegen. Juist het tegenovergestelde is het doel. Daarom zijn de vleugels ook ondersteboven geplaatst. Een goedgevormde vliegtuigvleugel creëert meer luchtdruk onder de vleugel, waardoor het toestel omhoog gedrukt wordt en gaat vliegen. Ondersteboven veroorzaakt een Formule 1-vleugel een omgekeerd drukverschil, waardoor de auto op de weg gedrukt wordt. Downforce. Een Formule 1-auto creëert inmiddels zoveel downforce dat hij bij genoeg snelheid ondersteboven over een plafond zou kunnen rijden. En niet langer alleen de vleugels, de hele auto genereert inmiddels downforce. Eind jaren zeventig werden Formule 1-auto's aan de onderkant als vleugels gevormd en werd het zogenaamde groundeffect gecreëerd. Door de onderkant met een soort tochtstrips af te sluiten werden de wagens door de onderdruk aan het wegdek vastgezogen. Monsters met enorme bochtensnelheden, een verschrikking om te rijden. De wagens werden stijf afgeveerd voor het beste effect, waardoor coureurs volledig door elkaar gerammeld werden, bochten vaak in een waas zagen, bijna black-outs kregen. 'Je rug, je benen, je hoofd slaan steeds tegen de zijkant, na een tijdje doet alles zeer,' klaagde zelfs de onverschrokken Gilles Villeneuve. Uiteindelijk werd ook het groundeffect verboden. Maar de bodem van de auto blijft een belangrijke rol spelen bij het zoeken naar downforce. Vandaar dat een paar kleine veranderingen in de regels omtrent de vloer zulke grote gevolgen konden hebben in 2021.

Het is de natuur van de Formule 1 dat men voortdurend op zoek is naar rek in de regels. Zeker de aerodynamica leent zich daartoe. Fascinerend is de rel om een *barge board* van Ferrari in 1999. Deze luchtgeleidende plaat opzij van de auto was te groot volgens de regels. Ferrari hield vol dat ze hier nooit enig voordeel van konden hebben gehad. Maar ja, te groot is te groot. Na lang wikken en wegen besloot de FIA (destijds spottend Ferrari International Assistance genoemd) dat onder een bepaalde hoek bekeken de afmetingen van het plaatje net binnen de tolerantiegrens vielen. Welkom in de Formule 1.

Bijna letterlijk kunnen de regels worden opgerekt met de zogenaamde flexi-wings. Wanneer een auto met driehonderd per uur rijdt, komen er flink wat krachten op de verschillende onderdelen. Die dan natuurlijk kunnen doorbuigen. Gebeurt dat bij de vleugels, dan kan dat grote voordelen opleveren. Op rechte stukken, bij grote snelheid, buigt de vleugel omlaag en komt hij platter te liggen, waardoor de luchtweerstand vermindert en je dus nóg sneller kunt. Bij een bocht, waar het weer langzamer gaat, buigt de vleugel terug en heb je weer meer downforce. Win-win. Het is niet meer dan logisch dat iets dergelijks gebeurt, maar het mag niet te veel worden. Want onderdelen die invloed hebben op de aerodynamica mogen in principe niet bewegen. Ook hier zijn ontwerpers voortdurend op zoek naar de rek in het reglement. De kosten voor het maken van een geslepen, niet al te opvallend doorbuigende vleugel zijn hoog, er komt veel research bij kijken, windtunnelwerk en precisiefabricage. Bakken met geld en millimeterwerk voor een paar tienden. Voor de winst. Al sinds de jaren negentig is er regelmatig trammelant om dit trucje. Nu Mercedes onder druk komt te staan, wijzen ze naar de achtervleugel van Red Bull: buigt die niet te veel door? Het lijkt erop. Red Bull ontkent. Maar de FIA komt met extra tests om eventueel gesjoemel te beperken. Enorme gewichten op de vleugels zetten gaat niet, daarom wordt ook middels de onboard-camera op de auto het doorbuigen onderzocht. Daarvoor worden kleine gekleurde stippen op de vleugels gezet, die tijdens de rit niet te veel van hun plaats mogen afwijken. Om de teams de tijd te geven hun ontwerp aan te passen gaat de strengere controle pas in Frankrijk in. Nog niet in Baku, waar zo'n flexi-wing nu juist zo handig is.

12

Grand Prix van Azerbeidzjan

Het circuit door de straten van Baku vormt elk jaar een uitdaging voor de teams. Het bestaat eigenlijk uit drie gedeelten. Eerst een ietwat saai, zogenaamd 'technisch' deel, met veel haakse bochten waar weinig ruimte is. Dan is er het deel rondom het kasteel, met een supersmalle entree gevolgd door snelle blinde bochten met veel hoogteverschil. Dit deel wordt gevolgd door een gigantisch lang recht stuk van dik twee kilometer. Ik houd van zulke lange rechte stukken, waar de motoren lang en voluit mogen loeien, en de snelheden oplopen tot tegen de driehonderdzestig per uur. Mexico heeft zo'n lekker lang recht stuk, daarom hield ik van het oude Hockenheim, en zal het niet verbazen dat Monza mijn lievelingscircuit is. Grootste uitdaging in Baku is het vinden van de juiste setup. Een delicaat compromis. Want je wilt zo min mogelijk vleugel op dat rechte stuk voor de topsnelheid, maar je moet genoeg downforce overhouden om rond het kasteel op de baan te kunnen blijven. Zei iemand iets over flexiwings? Baku heeft iets rauws; al meerdere keren heeft de race hier spektakel gebracht: straatgevechten, botsingen, safetycars, chaos. Kom maar op.

Verrassend genoeg is het, net als twee weken eerder in Monaco, Leclerc die de pole pakt. Is Ferrari werkelijk op de weg terug, of zijn het deze twee zeer specifieke circuits die de Ferrari goed liggen? Na Leclerc volgen de titelkandidaten. Hamilton voor Max. Het is de verwachting dat de Mercedes en de Red Bull de Ferrari snel zullen passeren en dan vol met hun onderlinge strijd verdergaan.

Deze keer kan Leclerc op zondagmiddag wel van start. Hij komt zelfs heel goed weg. Hamilton lijkt meer bezig met zijn rivaal, schuin achter zich. De Mercedes schuift ruim naar rechts om Max de doorgang te versperren. Achter de koplopers is er het gebruikelijke gedrang in de eerste bochten en straatjes. Pérez pakt de grootste winst: in bocht 2 verschalkt hij Sainz, in bocht 3 Gasly, en schuift zo op naar plek vier. Bijna twee ronden lang mag Leclerc trots het veld aanvoeren, dan steekt Lewis hem, nog vóór de wedstrijdleiding het gebruik van DRS heeft vrijgegeven, voorbij. Puur op power. Het zegt genoeg over de krachtsverhoudingen. Max volgt vier ronden later, met behulp van DRS. Een ronde later doet Pérez hetzelfde. De titelpretendenten rijden weer op kop. En al snel naderen de pitstops. Hamilton opent de dans. Zijn stop is echter langzaam (meer dan vier seconden), mede omdat hij heel even moet wachten op Gasly, die voorrang heeft in de pitstraat. Een ronde later duikt ook Max de pits in. Zijn pitstop is flitsend: minder dan twee seconden heeft hij stilgestaan om de banden te laten wisselen. Omdat hij ook een geweldige in-lap (op weg naar de pits) heeft gereden, komt hij vóór Hamilton de baan weer op. Pérez heeft nu de leiding, maar dan maakt ook hij zijn stop. Een moeizamere, maar toch: ook hij komt vóór Hamilton de baan weer op. Perfecte strategie van Red Bull. Ondertussen heeft Sebastian Vettel de leiding overgenomen. Een Aston Martin op kop. Als ook Vettel naar de pits gaat, wordt de volgorde weer hersteld: Max, voor Pérez, Lewis en Lance Stroll. Stroll moet nog een pitstop maken, hij is gestart op de harde band. Vier jaar geleden behaalde Stroll hier in de chaos zijn eerste podium, blijkbaar voelt hij zich in Baku thuis. Tot de 30e ronde. Terwijl Stroll het rechte eind op scheurt, vol gas, en de tweehonderd per uur al voorbij is, begint de wagen te schudden; klapband! Onbestuurbaar slingert de auto uit koers, slaat wild links tegen de muur. De neus versplintert als bij een crashtest. De ophanging linksvoor gaat aan stukken, maar het wiel blijft veilig vastzitten dankzij extra kabels. Het is de linkerachterband die geploft is. De Aston glijdt even langs de muur, tolt dan de baan op en komt tot stilstand. Een megaklapper. Lance is oké. Formule 1-auto's zijn stevig. Safetycar.

Zodra de rommel is opgeruimd, volgt een herstart. Max riant op kop, want Pérez is natuurlijk geen bedreiging. Hamilton loert wel bij Pérez, maar Checo houdt de deur goed dicht. Vettel glipt langs Sainz in bocht 1 en steekt aan het eind van de ronde ook Gasly voorbij met DRS, de viervoudige kampioen heeft er weer zin in! Snel valt de race terug in zijn plooi. Hamilton kan weinig meer uitrichten tegen de twee Red Bulls, die op een perfecte één-tweezege af lijken te gaan. Maar dan. Aan het eind van de 46e ronde ploft ook de linkerachterband van Max. Ter hoogte van de pitsingang, waar hij ruim driehonderd per uur rijdt. Wild slingert de Red Bull over het asfalt naar rechts, beukt de neus eraf en komt, dwars schuivend, vlak voor de finishlijn tot stilstand. Race over. Woedend gooit

Max het stuur uit de auto en stapt uit. Hij loopt om de auto heen, kijkt en schopt een keer boos tegen de resten van de linkerachterband. Vijfentwintig WK-punten gaan in rook op. De rode vlag gaat uit. Dat geeft de gelegenheid de boel veilig op te ruimen en de teams de kans om allemaal banden te wisselen. Want twee geplofte banden op dezelfde plek, dat wordt verdacht. De grap over de condooms is alweer gemaakt. Max is woedend op de bandenleverancier. De auto had ook naar links uit kunnen breken en dan was hij frontaal op de muur voor de pits gegaan…

Met nog slechts vijf ronden te racen volgt een staande herstart. Pérez vooraan, naast hem Hamilton. Wanneer de wagens zich opstellen, komen er flinke rookslierten uit de voorremmen van Lewis; hij heeft ze blijkbaar heel stevig opgewarmd voor de eerste bocht. Als de lichten uitgaan, heeft Lewis een betere start dan Checo. Hij schuift links langszij, Pérez is te laat om de weg te blokkeren. Maar bij het aanremmen voor de bocht blokkeren de wielen van Lewis en schuift de Mercedes kansloos rechtdoor de uitloopzone in. Terwijl het hele veld voorbijraast, verontschuldigt Lewis zich over de boordradio. Race verknald, belangrijke WK-punten weggegooid. Als Lewis aan het eind van het jaar een punt of achttien tekortkomt, dan heeft hij het hier verknald. Hoe kan een zevenvoudige kampioen zich zo vergalopperen? Achteraf blijkt dat hij in de hectiek van de start per ongeluk de *magic switch* heeft omgezet. Een knopje aan het stuur, waarmee de rembalans extreem kan worden verschoven om de remmen extra op te warmen achter de safetycar, of op weg naar de grid. Per ongeluk. Nee, zelfs dát mag niet gebeuren. Als je wereldkampioen wilt worden, heb je allereerst je handen goed aan het stuur. Wat wordt dit voor een seizoen?

Terwijl Lewis verslagen achter het veld aanhobbelt, wint Sergio Pérez de race. Het is de tweede Grand Prix-overwinning uit zijn carrière. Op het podium wordt hij geflankeerd door Vettel en Gasly. Andermaal heeft de Grand Prix van Azerbeidzjan een spektakelstuk opgeleverd, waar nog lang over wordt nagepraat. Volgens Pirelli was er niks mis met de banden, het moeten externe factoren (troep op de baan) zijn geweest. Toch wordt het design van de banden voor Silverstone aangepast, zodat het niet weer gebeurt. Trek uw conclusies.

Stand:
Verstappen 105
Hamilton 101

13
Secondanten

Na het zwakke optreden van Sergio Pérez in Imola rezen er meteen weer twijfels onder (vooral Nederlandse) Formule 1-volgers: was Checo wel de juiste teamgenoot voor Max? Want waar Hamilton beschikt over een sterke secondant in Valtteri Bottas, lijken de teamgenoten van Max steeds weer tekort te schieten. Na het vertrek van Daniel Ricciardo in 2019 bleef Red Bull vasthouden aan het imago van talentopleider en plaatste jonge coureurs, die zich nog moesten bewijzen in de Formule 1, naast Max. Maar zowel Pierre Gasly als Alexander Albon bezweek onder de druk. Omdat het hele team draait om Max, de auto zo'n beetje wordt gebouwd rond Max en Max er vervolgens het uiterste en nog meer uit weet te halen, schoten de jonkies tekort. Flink tekort. Dat ging ten koste van het zelfvertrouwen en dat vervolgens weer van de prestaties. Een neergaande spiraal. Max moest het in zijn eentje opnemen tegen twee Mercedessen, die regelmatig samen de eerste startrij bezetten en fluitend één-tweezeges boekten. Dure punten. Red Bull had nooit echt een tweede man in de strijd, zelfs niet om een Mercedes een paar rondjes hinderlijk in de weg te rijden. Om de gooi naar de wereldtitel werkelijk te stutten was het beter om een sterke tweede man in huis te halen. Een snelle, ervaren coureur, die weet hoe je punten scoort en die niet te beroerd is om tweede viool te spelen en ook niet meteen knakt als het eventjes niet lukt. Nico Hülkenberg was een ideale kandidaat. Pérez ook. Het werd de Mexicaan.

Eind 2018 had Pérez nog een belangrijke rol gespeeld in de overname van Force India door vader Stroll. Stroll herdoopte het team tot Racing Point en begon met een hoop geld het team uit te breiden. Stroll, geld genoeg, nam daarna ook Aston Martin over. Vanaf 2021 zou de naam Racing Point veranderen in Aston Martin. En er werd een wereldkampioen in huis gehaald. Door de komst van Vettel was er bij Aston Martin vanaf 2021 geen plek meer voor Pérez. Immers, de miljoenen van papa Stroll om van Aston Martin een winnend team te maken, zijn allemaal bedoeld voor zijn zoon Lance. Met Vettel haalde Aston Martin een racewinnaar en een hoop ervaring in huis. Dat is ongetwijfeld goed voor de groei van het team, maar tegelijk valt op die manier ook niet zo op dat Lance gewoon te weinig talent heeft. Eind 2020 won Pérez op de valreep in Bahrein zijn eerste Grand Prix. Het was ook meteen de eerste zege voor het team van Stroll. Maar nog altijd zat Checo zonder Formule 1-zitje voor het volgende seizoen. En zo was hij op een punt beland dat hij blij moest zijn dat hij als tweede man in kon stappen bij een team waar hij mogelijk nog meer races kon winnen. De droom de allergrootste te worden (zouden alle Formule 1-coureurs die droom in hun jonge jaren koesteren?) was na tien seizoenen in de koningsklasse wel vervlogen of op z'n minst verbleekt. Tweede coureur in een topteam was nu ook goed. En wie weet wat er nog in zat… In de pers deed Pérez nog wel wat stoere uitspraken over het gevecht met Max aangaan, maar na een paar races bleek dat ook Pérez Max niet kon bijbenen. Het zou niemand moeten verrassen, maar de kritiek zwol meteen aan. 'Geef me zes races de tijd om te wennen,' zei Pérez toen het seizoen begon. Azerbeidzjan was de zesde race.

Bij Mercedes staat ook Bottas onder druk. In feite is Bottas de ideale tweede coureur. Hij is snel, hij weet races te winnen, gaat keurig voor Hamilton aan de kant en klaagt nooit. De hiërarchie in het Mercedes-team is duidelijk. En Bottas zal nooit gemene spelletjes gaan spelen in een poging Hamiltons positie te ondermijnen. Dat hij doorgaans vooraan meestrijdt, ligt voor de hand. Wanneer je een beetje kunt racen, rijd je met een Mercedes om de podiumplaatsen. Heus, Bottas is geen slechte coureur, hij is echt snel, maar in de race is hij geen vechter en als het een beetje tegenzit, geeft hij soms geheel niet thuis. Het ontbreekt hem aan racegogme. En dat valt de laatste jaren des te meer op omdat Max en Lewis dit in overvloed hebben. Wanneer Max en Bottas elkaar tegenkomen in een race, is het steevast Max die wint. Vaak zonder dat Bottas het hem echt moeilijk kan maken. Om meer weerwerk te bieden aan Max, maar ook aan Hamilton, wordt de roep om Mercedes-protegé George Russell steeds groter. Iedereen zou graag een nieuw, groot talent in de tweede Mercedes zien. Toen Hamilton eind vorig seizoen in Bahrein besmet bleek met corona, was Russell zijn vervanger. Meteen zette hij Bottas te kijk en won bijna zijn eerste Grand Prix in een topauto. Geklungel van Mercedes bij de pitstops en een leeglopende achterband voorkwamen een sensatie à la Max. Er bestaat geen twijfel: Russell zou met de Mercedes veel meer kunnen uitrichten dan Bottas. Maar het binnenhalen van zo'n aanstormend talent kan natuurlijk ook tot interne strijd en onrust leiden. Niet voor niets laat Hamilton regelmatig horen dat hij Bottas een geweldige teamgenoot vindt.

Niet vergeten: de tweede coureur is er ook om punten te scoren voor het kampioenschap bij de constructeurs. Met die strijd tussen de teams is immers veel geld gemoeid. Maar voor de twee topteams is het constructeurskampioenschap in 2021 hooguit een troostprijs. Het seizoen 2021 is het toneel voor twee gladiatoren. Max en Lewis halen absoluut het beste in elkaar naar boven. Geen wonder dat hun teamgenoten daar maar bleekjes bij afsteken.

14
Grand Prix van Frankrijk

Het circuit Paul Ricard bij Le Castellet, op een plateau aan de Franse zuidkust, was vijftig jaar terug state of the art. Het had ruime uitloopzones en kon in allerlei lay-outs worden gebruikt. Het was vooral berucht om een immens lang recht stuk van bijna twee kilometer: Le Mistral. Tegenwoordig is Le Mistral in tweeën geknipt door een chicane en het circuit geniet weinig faam meer. Het is vooral bekend om z'n weinig opwindende races, fileproblemen en die hypnotiserende blauwe lijnen rondom de baan.

Honda brengt nieuwe motoren mee naar Frankrijk. Het inbrengen van nieuwe motoren is beperkt toegestaan. Er mogen er slechts drie worden gebruikt dit seizoen. Kostenbesparing. Ook is afgesproken dat de motoren niet verbeterd mogen worden wat de zogenaamde 'performance' betreft – geen extra pk's dus. De motor mag wel efficiënter en betrouwbaarder worden. De motorwissel was gepland en komt precies op tijd. In Azerbeidzjan vertoonde de motor van Pérez al allerlei kuren, Checo kon er zelfs geen ereronde meer mee rijden. De nieuwe krachtbron werkt. Max pakt schijnbaar eenvoudig poleposition. Naast hem staat Hamilton, die drie tienden moet toegeven. Bottas en Pérez volgen. De titelkandidaten naast elkaar op de eerste rij, zoals het hoort.

Bij de start komen beide coureurs goed weg. Max pakt de kop en duikt als eerste bocht 1 in, maar merkt onmiddellijk dat hij de auto niet kan houden. De Red Bull glijdt naar buiten, schiet over de kerbs naast de baan in bocht 2, die onmiddellijk volgt. Onboard beelden laten een druk corrigerende Max zien. Achter twee plastic pylonen langs raast hij snel de baan weer op. Achter Hamilton, maar nog net voor Bottas. Hamilton voor Max, Bottas en Pérez. In die volgorde gaan ze de eerste ronden door. Het wachten is op de eerste pitstops.

Achter de leiders, in de subtop, worden intussen legio gevechten geleverd. Het hele jaar door al. Alle aandacht gaat uit naar de titelkandidaten, maar de duels tussen Ferrari, McLaren, Alpine en AlphaTauri zijn soms even intens, met *wheelbanging*, uitremacties, geklaag over de radio, undercuts en track limits. Lando Norris zet de opgaande lijn van 2020 voort, hij scoort vooralsnog meer punten dan Mercedes-coureur Bottas en stelt zijn teamgenoot Daniel Ricciardo volledig in de schaduw. Bij Alpine trekt tweevoudig kampioen Alonso natuurlijk de aandacht, maar zijn teamgenoot Esteban Ocon mag een driejarig contract tekenen; hij doet het management denken aan Alain Prost… Voor AlphaTauri doet vooral Pierre Gasly mee. Zijn teamgenoot Yuki Tsunoda – de Japanse Max – staat na een veelbelovend begin te vaak naast de baan. Zijn team maant hem vooral minder te vloeken.

In de 18e ronde komt Max binnen voor nieuwe banden. Red Bull probeert de undercut. Over de boordradio krijgt Lewis te horen dat hij deze ronde alles moet geven en dan ook naar de pits moet komen. Dat is wat hij doet. Voor zijn bandenwissel staat de Mercedes zelfs een fractie korter stil deze keer, maar als Lewis de pits uitrijdt, komt Max al over start-finish aangestormd – het wordt close. Zodra Lewis de baan op rijdt, zijn ze op gelijke hoogte, maar Max neemt veel meer snelheid mee en vliegt als eerste de eerste bocht in. Deze keer binnen de lijnen. Undercut geslaagd! Het lijkt allemaal simpel, maar in de cockpit gaat het er verhit aan toe. Even later roept Max boos over de radio dat hij moet weten waar Hamilton zit, of hij moet verdedigen of sparen. Achter hem spoort Hamilton wanhopig zijn team aan, maar hij kan weinig uitrichten, de Red Bull is te snel.

Dan komt Max ineens binnen voor een tweede stop. Hamilton neemt de kop over. Op verse mediums stormt Max weer naar buiten. Zo'n twintig seconden achter Lewis en nog twintig ronden te gaan. Red Bull doet precies wat Mercedes in Spanje deed. Kan Max Hamilton weer inhalen? Eerst rustig binnenhengelen, zonder de banden te forceren, dat is de kunst. En Bottas, die moet hij ook nog voorbij. Nu kan Bottas zijn team een grote dienst bewijzen door Max zo lang mogelijk in de weg te zitten. Maar bij de eerste de beste gelegenheid, voor de Mistral-chicane, gaat het al mis. Max dreigt, Bottas blokt, remt laat en gaat zo te wijd door de eerste bocht over de kerbs. Hij blijft Max net voor, maar is alle momentum kwijt. Max kruist achterlangs en komt met veel meer snelheid het volgende rechte stuk op. Hij positioneert de Red Bull naast de Mercedes, aan de rechterkant, wetende dat de volgende bocht, Signes, rechtsaf gaat. Vol vliegen ze erin. Max binnen op de racelijn, Bottas aan de buitenkant op het vuil, waardoor Max definitief voor hem komt. Wat een actie! Bottas heeft geen antwoord meer. Wanneer hij even later ook nog door Pérez wordt ingehaald, tiert de anders zo kalme Fin over de boordradio: 'Ik heb toch gezegd dat het een tweestopper moest zijn! Waarom luistert niemand naar mij?' Je ziet het meteen voor je: tijdens de briefing heeft hij steeds opnieuw zijn vinger opgestoken, maar Toto, Lewis en de engineers hebben geen tijd voor hem…

Opnieuw gaat het in de slotfase tussen Hamilton en Max. Ronde na ronde komt Max dichterbij. Heeft Hamilton de speed niet meer, of spaart hij zijn banden voor de laatste ronden? Max kruipt in zijn kielzog, en met nog anderhalve ronde te gaan komt hij voor de chicane uit de slipstream en gaat met DRS de Mercedes vrij gemakkelijk voorbij. De strategie heeft gewerkt! Max wint de race. Nota bene op Paul Ricard, dat met z'n hoge snelheden voorheen altijd Mercedes-territorium was. Red Bull-teambaas Christian Horner heeft vooraf al gezegd: 'Als we hier winnen, kunnen we overal winnen.' Is Red Bull nu definitief de bovenliggende partij? Op de radio van Mercedes klinkt gesomber. 'We zullen kijken wat er nu bij die pitstop is gebeurd, Lewis,' belooft zijn engineer. 'Het zijn goede punten…' De boodschap is duidelijk: Mercedes moet aan de bak.

Stand:
Verstappen 131
Hamilton 119

15

Een schuurdeur en een scheutje mascara

Ross Brawn heb ik hoog zitten. Hij was een van de drijvende krachten achter het dreamteam van Ferrari. Met Michael Schumacher kon Brawn races lezen en schrijven; vijfmaal op rij wereldkampioen. Maar let op: voor die tijd had Brawn, in een minder opvallende rol, wereldtitels gewonnen met Williams (van 1980 tot 1982) en Benetton (1994 en 1995) en had hij twee keer de 24 uur van Le Mans gewonnen, met Jaguar. Na zijn tijd bij Ferrari nam Brawn een sabbatical, om daarna orde op zaken te stellen bij het kwakkelende team van Honda. Op het moment dat hij een winnende troef in handen had, trok Honda de stekker eruit. Brawn kocht het team over, schroefde een Mercedes-motor achterin en pakte de wereldtitel. Dat was in 2009. De troef bestond uit een slimmigheid met de diffuser, het eindstuk van de aerodynamisch zo belangrijke vloer van de auto, mogelijk gemaakt door een gat in het reglement dat Brawn zelf had helpen opstellen. Vervolgens verkocht hij het team, ongetwijfeld voor veel meer geld dan waarvoor hij het gekocht had, aan Mercedes. Brawn liet het team groeien, maar voelde zich uiteindelijk toch te veel toen Mercedes Toto Wolff naar voren schoof. De oogst, zeven dubbele wereldtitels op rij, maakte hij niet meer mee. In 2017 werd Brawn sportief en technisch directeur van Liberty Media, de huidige eigenaar van de Formule 1. Niet alleen ik heb Brawn hoog zitten. Hij zit hoog. En zegt verstandige dingen. Vlak na zijn aanstelling zei hij meteen dat niet alles zomaar ging veranderen: 'De Formule 1 is net een olietanker, die verandert ook maar heel langzaam van koers.' Brawn dacht onder andere mee over de nieuwe regels van 2022, wanneer er een heel nieuwe auto op de baan komt. 'Het fijne is dat we niet langer een ingreep doen waarvan we hopen dat hij goed uitpakt, maar dat we ons kunnen baseren op data.' Aldus Brawn. De lat ligt hoog. De nieuwe auto komt eraan.

In 2016 publiceerde Brawn een interessant boek: *Total Competition. Lessons in Strategy from Formula One*. Naast allerlei leuke kijkjes in de keuken van het dreamteam van destijds, legt Brawn uit wat de hoofdingrediënten zijn om te winnen. Zich baserend op de Aziatische krijgskunst stelt hij dat er altijd drie elementen op orde moeten zijn. Wil je een oorlog of een Formule 1-wereldtitel winnen, dan moet alles kloppen inzake je economie, je techniek en de politiek. Klinkt logisch. Voor een Formule 1-team is geld nodig, veel geld. Grote sponsoren of nog liever een grote autofabrikant zijn onmisbaar. Daarnaast moet de auto technisch top zijn. Ten slotte moet je de regels kennen en waar nodig manipuleren in jouw voordeel. Op de lange en kortere termijn. Naast de baan is de Formule 1 voortdurend een politiek spelletje. Pijnlijk voorbeeld voor Brawn: in 2005 waren er genoeg teams overgestapt naar bandenleverancier Michelin, zodat Michelin een regelwijziging door kon drukken: bandenwissels werden verboden. Dit was in het voordeel van Michelin met zijn ervaring in langeafstandsraces. Prompt won Ferrari, op

Bridgestone-banden, niet één race meer, behalve de farce op Indianapolis. Een politieke meesterzet luidde zo het einde in van het Schumacher-tijdperk. Ander voorbeeld: nadat de Ferrari's (ja, zij weer) in 2019 ineens iedereen voorbijreden, vroeg Red Bull de FIA de regels voor de brandstoftoevoer te 'verduidelijken'. Dat was officieel geen protest, maar wel een manier om Ferrari mogelijk gesjoemel te beletten. Prompt was het gedaan met de snelheid. Ferrari beweert nog steeds niets illegaals te hebben gedaan, maar begin 2020 schikten zij de zaak in het geheim met de FIA. Trek uw conclusies.

In 2020 besloot de FIA het spelen met motorsettings aan banden te leggen. Mercedes en Ferrari konden al een paar seizoenen het vermogen tijdelijk opschroeven om zo tijdens de kwalificatie de voorste startrijen op te eisen. Hamilton sprak lachend van de 'partymode'. Afgeschaft. Ook de regelwijziging voor 2021 inzake de vloer leek onmiddellijk in het nadeel van Mercedes. Al minder breed lachend reageerde Lewis: 'Dit soort regels wordt bedacht om ons tegen te werken. Ik vind het best hoor. Wij houden wel van een uitdaging.'

Nu de Red Bull net zo snel of misschien wel sneller gaat dan de Mercedes, worden de rollen omgekeerd. Wie in het nauw zit, komt met verdachtmakingen, met verzoeken om verduidelijking of met regelrechte protesten. Vandaar het gedoe om de flexi-wing. Red Bull-teambaas Christian Horner verdedigt zich, wijzend op de nogal buigzame voorvleugels van de Mercedes. Alsook op de tamelijk grote achtervleugel: 'Kijk, zij rijden met een schuurdeur achterop, waar wij een skinny achtervleugel hebben. Je hoeft geen raketgeleerde te zijn om te zien dat wij daardoor sneller zijn op de rechte stukken.' Mercedes heeft intussen een andere verklaring: heeft Honda misschien een verboden upgrade aan de motor doorgevoerd? Is dat de reden dat de Red Bull zoveel sneller loopt? Honda ontkent. Een paar weken later verschijnt er een persbericht van Red Bulls benzine- en oliepartner Exxon-Mobile. Na jarenlange research binnen het chemieconcern heeft men bedacht dat een natuurproduct, ontwikkeld op de afdeling cosmetica, een waardevolle toevoeging kan zijn voor de motorolie. Sterker nog: ze passen het dit jaar toe op de Honda-motor in de Red Bull, die daardoor langer op vol vermogen kan draaien zonder al te veel slijtage. Aha. Max wint dus met een scheutje Max-factor make-up in de olie. (Doe dit niet thuis.) Zouden Honda en Red Bull zo makkelijk hun geheimen prijsgeven? Het is een prachtig bericht, vast nog waar ook, waarmee de partner zich in het zonnetje kan zetten, maar waarmee ongetwijfeld het hele verhaal kundig wordt gemaskeerd. Zou de titelstrijd werkelijk hangen op een schuurdeur en een scheutje mascara?

16

Grand Prix van Stiermarken

Red Bull is een belangrijke speler in de Formule 1.Vergelijkbaar met wat Marlboro was in het nicotinetijdperk. In 2005 kocht de Oostenrijkse Red Bull-eigenaar Dietrich Mateschitz het team Jaguar over van Ford. Tegelijk werd ook het noodlijdende team Minardi overgenomen en omgedoopt tot het Red Bull-juniorteam Toro Rosso. Het opleiden van racetalenten stond centraal. Leren racen bij Toro Rosso, kampioen worden bij Red Bull. In eerste instantie leek Red Bull vooral plezier te willen maken. Met een hip motorhome, muziek in de paddock, en bijvoorbeeld een lollig krantje waarin een fotomodel vroeg waar het knopje van de radio zat in de auto. Daar werd toen om gelachen, maar deze mevrouw had een vooruitziende blik, want de boordradio is inmiddels een van de vermakelijkste attributen van de Formule 1 geworden. Red Bull werd serieuzer met de komst van de succesvolle ontwerper Adrian Newey en motorpartner Renault. In 2010 hadden Horner en Newey alles op orde en werd het eigen Red Bull-talent Sebastian Vettel wereldkampioen. Vier wereldtitels reeg Vettel aaneen, vooral dankzij het aerodynamisch vernuft van Newey. Met de komst van de hybrideformule in 2014 kwam de achilleshiel van Red Bull aan het licht: de motor. Er volgde een vechtscheiding met

Renault, waarna Red Bull met Honda, aan de hand van Max, is teruggeklommen naar de top. Jammer dat Honda, juist nu alles op zijn plaats valt, ermee stopt. Dat Red Bull de motorafdeling van Honda overneemt – opnieuw een mega-investering van Mateschitz – onderstreept nog maar eens het belang van Red Bull voor de Formule 1. En omgekeerd. In 2011 kocht Mateschitz er ook nog maar een circuit bij. Met wat extra geld liet hij de vervallen A1-Ring opknappen tot de moderne Red Bull Ring, waar vanaf 2014 weer jaarlijks de Grand Prix van Oostenrijk plaatsvindt. Zoals gezegd: een belangrijke speler.

Het zal geen toeval geweest zijn dat het Formule 1-seizoen in de zomer van 2020 op gang kwam met twee races op de Red Bull Ring. Ook in 2021 zijn er twee races achtereen in Oostenrijk. De invulling van de kalender is nog steeds onzeker. Canada en Singapore hebben al afgehaakt. Er zijn echter ook gunstige ontwikkelingen: de eerste race in Oostenrijk is nog zonder publiek, bij de tweede mag het publiek weer volop aanwezig zijn. De zomer duwt het virus de kop in en de vaccinatie komt in veel landen op gang. Ook in Zandvoort hoopt de organisatie inmiddels op volle tribunes.

Tijdens de kwalificatie pakt Max de pole. Twee tienden voor Hamilton. Een flink gat. Weer staan de opponenten naast elkaar op rij één. Achter hen heeft Lando Norris de derde startplaats gepakt. De McLaren gaat het steeds beter doen. Pérez, Bottas, Gasly en Leclerc volgen.

De start is voor Max. Ook Lewis komt goed weg, maar Max knijpt meteen naar rechts en blokkeert de doorgang. Als eerste klimt hij bocht 1 in. Lewis volgt. Daarachter is er een verwoed gevecht om plek drie tussen Pérez en Norris. In bocht 1 moet Norris over de kerbs. Hij verliest momentum voor het volgende rechte stuk, waardoor Pérez in bocht 3 binnendoor kan steken. In bocht 4 echter komt Norris weer buitenom. Hoe nauw het luistert, blijkt achter hen. Leclerc, Gasly en Alonso willen met z'n drieën tegelijk door de eerste bocht. Dat gaat net niet, net wel, al hobbelt Leclerc aan de buitenkant over de kerbstones. Als hij weer op de baan komt, raakt hij heel lichtjes het achterwiel van Gasly. De voorvleugel van de Ferrari raakt daardoor licht beschadigd, maar Gasly heeft een lekke band, bij tempo tweehonderd! Met moeite weet de Fransman zijn AlphaTauri in een rechte lijn te houden, in bocht 3 komt hij alsnog in botsing met de Alfa van Giovinazzi. Latifi kan nog net buitenom.

Max. Max leidt. Hamilton kan niet veel meer doen dan volgen. Na tien ronden heeft Max een voorsprong van drie seconden. Hamilton heeft zo ook geen kans om zijn DRS te gebruiken. Toch doet Lewis zijn uiterste best. In de 25e ronde heeft hij zelfs een momentje: in bocht 5 glijdt de achterkant van de Mercedes te ver naar buiten, gas los, het linkerachterwiel over de kerbs, door het grind. Op de limiet? Concentratieverlies? Of door zijn banden heen? Het lijkt het laatste, want een ronde later rijdt Hamilton de pits in voor een bandenwissel. Weer een ronde later volgt Max, om de undercut af te dekken. Red Bull is wakker en de snelste vandaag. Onverstoorbaar rijdt Max door. Het gat is inmiddels meer dan vijf seconden. Het verschil met de rest is groot: Pérez ligt derde op ruim twintig seconden. Norris is teruggevallen.

Max controleert de race. Jackie Stewart heeft het fenomeen eens beschreven: rijd je eenmaal goed op kop, dan ben je de baas. Dan kun jij het tempo van de wedstrijd bepalen. Of je nu sneller of langzamer gaat rijden, de meute volgt je gedwee. Het oogt misschien wat saai. Maar zo wil Max ze het liefst winnen: van kop af, de boel onder controle. Ver achter hem vinden de gevechten plaats. Leclerc knokt zich terug van plaats veertien naar zeven. Het publiek kiest hem als Driver of the Day. Max wint de race. De voorsprong van de twee titelkandidaten is zo groot, dat Lewis een extra pitstop kan maken voor zachte banden, om zo nog een punt voor de snelste ronde te scoren. Meer dan ooit beseft hij: ieder punt telt. Natuurlijk is er na afloop gemonkel over de motoren. Honda-baas Tanabe wijst alle verdachtmakingen van de hand. 'Alle aanpassingen zijn goedgekeurd door de FIA en de teams. Wij houden ons aan de regels.'

Stand:
Verstappen 156
Hamilton 138

17

Under investigation

Het is nog maar twee jaar geleden dat Max Verstappen in de slotfase van de Grand Prix van Oostenrijk duelleerde om de zege met Charles Leclerc. Beiden waren vertrokken vanaf de eerste startrij. Max verprutste zijn start, maar knokte zich gedurende de race terug van plaats acht naar plek twee. Nog drie ronden te gaan. Max en Leclerc, volgens velen het duel van de toekomst. Achter elkaar door bocht 1. In de duik omlaag kruipt Max zowat onder de achtervleugel van Leclerc, DRS open. Door de kink en meteen als de klim naar bocht 3 begint, positioneert Max de Red Bull naast de Ferrari, aan de binnenkant. Leclerc heeft nu geen kans meer om de deur dicht te gooien. Beiden remmen extreem laat. Insturen naar rechts. Geen van tweeën geeft af. Naast elkaar draaien ze door de bocht. Max ruim voorbij de apex. Door de snelheid komt hij uit aan de buitenkant, waardoor het asfalt daar voor Leclerc op raakt. De voorwielen raken elkaar. Leclerc moet uitwijken en stuitert over de kerbs de uitloopzone in. Max neemt de leiding over. *'What the hell is that?'* foetert Leclerc over de boordradio. *'He turned in on me!'* roept Max. Max wint de race. De podiumceremonie is al voorbij, als de beide coureurs zich moeten melden bij de stewards: het incident in bocht 3 is *under investigation*. Gaat Max een straf krijgen en de race alsnog verliezen?

Vanaf de oertijd hebben races met twintig of meer coureurs die allemaal vinden dat ze de beste zijn en dus allemaal vooraan moeten rijden, een wedstrijdleider nodig gehad. Door schade en schande werd de taak van deze wedstrijdleider steeds duidelijker en belangrijker. Een grote sprong volgde eind jaren tachtig, begin jaren negentig, toen Alain Prost en Ayrton Senna er niet voor terugdeinsden tegen elkaar op te rijden. Apotheose was de Grand Prix van Japan 1990, waar Senna Prost willens en wetens torpedeerde in de allereerste bocht. Prost en Senna durfden dergelijke risico's te nemen omdat hun auto's van koolstofvezel waren gemaakt. Voor die tijd vlogen de auto's aan stukken of in brand. Kampioenen als Fangio, Clark en Stewart namen zulke risico's niet met hun tegenstanders; zij moesten elkaar kunnen vertrouwen, de dood lag immers op de loer. Maar vanaf de toepassing van koolstofvezel zitten coureurs relatief veilig in hun overlevingscel. Een crash met een Formule 1-auto, stelde Gerhard Berger, was nu niet veel meer dan een biljartsituatie. Michael Schumacher, nog zo'n nietsontziende winnaar, zette deze trend eigenlijk voort. In 1994 torpedeerde hij Damon Hill om kampioen te worden, in 1997 probeerde hij tevergeefs hetzelfde bij Jacques Villeneuve. De schuld in 1994 werd nooit bewezen, voor zijn actie in 1997 werd Schumacher later bestraft, hij verloor al zijn punten en de tweede plaats in het kampioenschap.

In 1997 stelde de FIA een vaste wedstrijdleider aan. Tweeëntwintig jaar lang was Charlie Whiting een baken als het ging om regels, procedures, straffen en veiligheid. In 2019 overleed hij aan een hartstilstand. Sindsdien is Michael Masi de vaste Race Director. De wedstrijdleider wordt bijgestaan door wisselende, door de FIA aangewezen stewards. Sinds 2010 is een van deze stewards een ex-Formule 1-coureur. Een ex-coureur begrijpt niet alleen de regels maar ook wat er allemaal omgaat in die twintig heethoofden op de baan. Stewards zijn zelden populair omdat ze de strijd, het racen, tussen de lijntjes houden, soms letterlijk, zoals bij de beslissingen inzake de track limits begin dit jaar.

Met de stormachtige entree van Max Verstappen in de Formule 1 hebben de stewards flink wat overwerk gehad. Max, die na een jaar in de Formule 3 meteen doorstootte naar de hoogste klasse, werd al snel berucht om zijn agressieve rijstijl, die in de lagere klassen wat gebruikelijker is. Zijn passeermanoeuvres waren over het algemeen om door een ringetje te halen: snel en klinisch, zonder ellebogenwerk. Maar zijn verdedigende acties werden minder op prijs gesteld. Max deinsde er niet voor terug om zelfs op het laatste moment aanvallen te blokkeren. Met name Vettel en Räikkönen, die het regelmatig met Max aan de stok hadden, reageerden woedend. In 2016 werd daarom een regel ingevoerd die verbood om in de remzone voor de bocht je tegenstander met een verdedigende beweging te blokkeren. Formule 1-volgers spraken meteen van de Verstappen-regel.

Echter, de stewards begonnen een beetje door te slaan, vonden diezelfde Formule 1-volgers. Een stevig duel hoorde toch bij het racen. Inmiddels werden er straffen uitgedeeld wanneer een achterwiel en een *sidepod* elkaar raakten, of als iemand robuust de deur dichthield. Er moest wel geracet kunnen worden, vond men, wheelbanging en een klein beetje ellebogenwerk hoorden erbij. '*Let them race,*' vond oudgediende Niki Lauda. De Formule 1-teams waren het hiermee eens. Op hun verzoek werd begin 2017 de Verstappen-regel weer afgeschaft. Niet ieder duel in de remzone werd ogenblikkelijk onderzocht, alleen wanneer coureurs elkaar echt in gevaar brachten. Rekbaar natuurlijk, maar dat leverde ook de vrijheid op om stevig te racen. Het mocht weer.

Het duel tussen Max en Leclerc op de Red Bull Ring in 2019 was de lakmoesproef. Drie uur lang moesten de stewards delibereren, nadat ze beide coureurs hadden gehoord. Ze wisten dat dit een belangrijk moment was voor de Formule 1. Was dit lekker racen of had Max Leclerc te veel in gevaar gebracht? Had Max ruimte moeten laten of had Leclerc zich gewoon gewonnen moeten geven? Op de tribunes, stampvol oranje fans, werd angstvallig gewacht. Wereldwijd hielden Formule 1-volgers de adem in. Er circuleerde zelfs kort een nep-perscommuniqué op de sociale kanalen waarin werd meegedeeld dat Max een tijdstraf kreeg. Na drie uur waren de stewards eruit. Er werd besloten geen straf uit te delen. Dit was gewoon racen geweest. Niet alleen Max, maar de hele Formule 1 had gewonnen.

18

Grand Prix van Oostenrijk

Het belangrijkst bij de tweede sessie in Oostenrijk is de terugkeer van het publiek. Het mag weer. En meteen kleurt een groot deel van de Red Bull Ring oranje. De Max Verstappen-tribune is weer gevuld. De held kan weer worden toegejuicht. En hij stelt niet teleur. Wanneer Max de pole pakt, klinkt er overal luid gejuich van de tribunes. Het is zo mogelijk nog luider als Lewis een paar tellen later blijft steken op plaats vier. Red Bull en McLaren hebben door de week hun huiswerk beter gedaan dan Mercedes: Norris komt maar vier honderdsten tekort om de pole van Max af te snoepen en ook Pérez nestelt zich vóór Hamilton. Verrassend is ook de prestatie van George Russell. Voor het eerst dringt hij met de ondermaatse Williams door tot Q3, het slotdeel van de kwalificatie. Helemaal een verrassing is het niet. Russell haalt elke kwalificatie meer uit de auto dan er eigenlijk in zit. Het levert hem de bijnaam Mr. Saturday op. De race op zondag is steeds te lang. Voor de auto. Maar toch, langzaam lijkt er weer wat muziek te komen in het team dat jarenlang amechtig achteraan strompelde. De investeerders die het team van de familie Williams hebben overgekocht, maken er werk van.

De fans kunnen ook juichen na de start. Max pakt resoluut de leiding. Voor Norris, Pérez en Hamilton. Bij bocht 4 loert Hamilton even bij Pérez, maar de Mexicaan geeft geen krimp. Achteraan belandt de tegenvallende Ocon in de sandwich bij Schumacher en Giovinazzi. Een botsing is het gevolg en Ocon moet met een krom staand wiel de strijd staken. Safetycar.

Bij de herstart leidt Max opnieuw het hele pak. Meteen achter hem valt Pérez Norris aan. In bocht 1, buitenom. Norris laat echter geen plek, Pérez moet over de kerbs. Maar Checo houdt vol. Naast elkaar denderen ze op bocht 3 af. Norris heeft de binnenkant. Pérez laat hem gaan, maar komt meteen op het volgende stuk vastbesloten langszij. Omlaag naar bocht 4. Opnieuw heeft Norris de binnenkant, maar Pérez houdt dit keer niet in. Hij probeert het buitenom. Norris schuift door de snelheid echter naar buiten, zodat er uiteindelijk geen ruimte meer is voor twee en Pérez het grind in rijdt. Stof, zand en stenen stuiven op. Pérez verliest zeven plaatsen. Al snel komt de melding van de wedstrijdleiding: het incident is 'under investigation'. En een tijd later volgt er zelfs een tijdstraf van vijf seconden voor Norris, omdat hij Pérez van de baan heeft geduwd. Hij moet vijf seconden stilstaan bij zijn volgende pitstop voordat er banden gewisseld mogen worden. Vreemd. Het leek toch gewoon een hard duel, waarbij Pérez net iets te veel wilde. We gingen ze toch laten racen? Nu beschikken de stewards over veel meer informatie dan wij als kijkers. Zij kunnen alle variabelen van de auto's nalezen, gaspedaal, stuurbewegingen, et cetera. Misschien heeft Norris Pérez onnodig ver naar buiten gedrongen. Maar hij hoeft toch ook niet braaf opzij te gaan? Het is geen theekransje! De straf kost Norris wel een positie. Als hij de vijf seconden incasseert tijdens zijn pitstop, steekt Bottas hem met een snellere stop voorbij.

Niet veel later heeft Pérez het aan de stok met Leclerc. In bocht 4 duwt Pérez de Ferrari net zo naar buiten als Norris eerder deed met hem. Leclerc gaat door het grind. Vijf seconden straf voor Pérez. Een paar ronden later dringt Leclerc nogmaals aan. In bocht 4 laat hij zich niet nog eens wegduwen, maar daarna tussen bocht 5 en 6 stuurt Pérez hem nogmaals door het grind. Nog eens een vijf seconden straf voor Checo! Jammer, zo'n tijdstraffenballet, maar dat krijg je als je de coureurs niet laat racen. Gaan we weer terug naar af?

Intussen leidt Max comfortabel. Opnieuw controleert hij de race. Opnieuw gaat hij zijn voorsprong in de stand om het kampioenschap uitbreiden. En achter hem heeft Hamilton het moeilijk. Bij een uitglijder over de kerbs heeft hij zijn vloer beschadigd en verliest snelheid. Bottas, achter hem, krijgt de opdracht nog niet te passeren. Maar als ook Norris nadert, mag Bottas er voorbij. Even later wordt Hamilton ook gepasseerd door Norris. Hangt de kampioen in de touwen? Max ligt nu zo ver voor dat hij met gemak een extra pitstop kan maken. Dat doet hij en op de versere banden pakt hij ook nog eens het punt voor de snelste ronde. Pole, van start tot finish aan de leiding en de snelste ronde – een Grand Slam heet dat in de Formule 1. Het is Max zijn eerste Grand Slam en het zal vast niet de laatste zijn. Het recordaantal is in handen van Jim Clark, acht in totaal. Hamilton volgt na Clark met zes Grand Slams. Schumacher bleef steken op vijf, Senna op vier. Er moet bij aangetekend worden dat in het tijdperk van Clark pitstops voor bandenwissels zeer ongebruikelijk waren.

Belangrijker is het kampioenschap. Max wint drie races op rij. Was er geen klapband geweest in Baku, dan waren het er vijf op rij geweest. Zoiets heet in een streep op de titel af gaan. Hij staat nu tweeëndertig punten voor, dat is meer dan je met een zege kunt behalen. Hij is los. Haakt Mercedes af? Teambaas Toto Wolff komt in Oostenrijk met een nogal laf praatje. Hij vertelt aan de pers dat Mercedes eigenlijk niet veel meer doet aan de W12, de auto van dit seizoen. Misschien nog een update op Silverstone, maar verder kijken ze vooral naar 2022, naar het grotere plaatje. Met een goede nieuwe auto kunnen ze straks nog jaren heersen. Dat vindt hij veel belangrijker. Ik geloof er niets van. Reken maar dat er flink wat knappe koppen zich in Brackley suf prakkiseren hoe ze nog een paar tienden uit die W12 kunnen knijpen. Ook deze titel, misschien wel juist deze titel, geven ze niet zomaar op.

Stand:
Verstappen 182
Hamilton 150

19
Sprintrace

In het coronajaar gingen er vanuit Liberty Media stemmen op om, nu het raceseizoen toch in duigen lag, eens wat te gaan experimenteren met het format van de Grand Prix-weekends. Om de boel wat op te schudden bijvoorbeeld werd geopperd om gebruik te gaan maken van *reversed grids*. Bij een omgekeerde startgrid start de snelste deelnemer achteraan en de langzaamste vooraan. Zo krijg je gegarandeerd veel inhaalacties. Of kon het weekend niet gewoon in twee dagen gepropt? In Imola werkte het. Of anders een sprintrace op zaterdag in plaats van de kwalificatie? Ideeën genoeg. Formule 1-fans zijn over het algemeen puristen. Puristen zijn over het algemeen tegen iedere verandering. Ik ben een purist. Ik zag ook nog het liefst extravagante auto's met een v8 of v12 achterin langs de ravijnen van de Nürburgring razen of over de heuvels van Montjuich. En de kwalificatie gewoon zoals vroeger: de auto optimaal geprepareerd voor één snel rondje, speciale kwalificatiebanden eronder en raggen maar. Dan wist je wie écht de snelste was. Peterson. Senna. Ik weet ook wel dat niet alles kan blijven zoals vroeger. Maar wat heeft men in de loop der jaren lopen rommelen met het format van de kwalificatie! Dieptepunt: auto's die eerst zo'n tien rondjes moesten rijden om de hoeveelheid benzine die ze zondag voor de race wilden meenemen op te rijden. Bizar.

Het kwalificatieformat dat er nu is, is eigenlijk prima. Drie segmenten, Q1, Q2 en Q3, waar na de eerste twee sessies steeds de vijf langzaamste coureurs afvallen, zodat in Q3 de tien snelste, met vrije bandenkeuze, strijden om pole. Prima, genoeg actie op de baan en vaak genoeg een zinderend slotakkoord. Waarom moet uitgerekend dit op de schop? En een reversed grid, dat is spielerei voor in de juniorklassen, waar de kinderen nog moeten leren en zichzelf nog moeten bewijzen op weg naar de top. De Formule 1 is de top, daar is geen plek voor foefjes en trucjes om te langzame deelnemers te helpen. Wie te langzaam is, valt af. Het gedoe met de banden en dat brievenbusklepje van de DRS is al erg genoeg. En een sprintrace? Het argument is dat jongeren geen zin meer hebben in races die twee uur of nog langer duren. Moet de sport nu buigen voor een stel gemakzuchtige, snel verveelde millennials? Een Grand Prix heet niet voor niets 'Grand' – het moet een grote race zijn, een zware, heldhaftige wedstrijd over driehonderd kilometer. Zie de Formule 1 worstelen met zijn identiteit, die stamt uit de twintigste eeuw, de tijd waarin de wereld geautomobiliseerd raakte – een heel andere tijd.

In 2021 gaat Liberty toch iets proberen. De sprintrace. Driemaal wordt er op de zaterdag een sprintrace gehouden. Een race van een halfuur, over ongeveer honderd kilometer, die de startopstelling voor de Grand Prix op zondag bepaalt. Er zijn ook WK-punten te verdelen: drie, twee en een punt, voor de eerste drie finishers. De startopstelling voor de sprintrace wordt bepaald op vrijdagmiddag door een gewone kwalificatiesessie. Vooruit maar... Er is meteen een miskleun: de winnaar van de sprintrace krijgt officieel de poleposition op zijn naam. Voelt niet goed. Pole moet voor de snelste in de kwalificatie zijn.

Tijdens de kwalificatie op vrijdag is Lewis Hamilton voor eigen publiek in elk geval de snelste. De update van Mercedes lijkt te werken. Bovendien is Lewis op vrijdagochtend naar de Mercedes-fabriek vlak bij het circuit gereden, om zelf in de simulator te kruipen. In plaats van rond te hangen op het circuit konden ze beter aan het werk gaan, vond hij, 'om het laatste beetje performance uit de auto te persen'. Alles op alles. Max is tweede, dus op zaterdag, aan het eind van de middag, staan ze weer naast elkaar, vooraan op de grid, klaar voor de sprintrace. Zeventien ronden. De vlammen slaan uit het linkervoorwiel van Max – hij heeft de remmen blijkbaar stevig opgewarmd voor de eerste bocht. Maar een uitremactie blijkt niet nodig: Max is het snelst weg. Want uitgerekend op start-finish, dat na Hamiltons zevende wereldtitel werd omgedoopt tot Hamilton-Straight, laat de regerend kampioen opnieuw een belangrijke steek vallen. De Mercedes hapert, zodat Max aan kop de eerste bocht in duikt. Hamilton sluit aan en probeert meteen de verloren positie goed te maken. Op de Wellington Straight komt hij uit de slipstream langszij, maar in Brooklands heeft Max de binnenkant. In de dubbele Luffield gaat Max wat wijd, net over de kerbs, stof waait op. Kost dit momentum richting Copse? Het lijkt erop. Hamilton neemt meer snelheid mee door Woodcote en als ze voorbij de oude pits jagen, pakt Hamilton opnieuw de slipstream pal achter de Red Bull en springt dan links aan de buitenkant tevoorschijn. Zij aan zij beginnen ze aan Copse Corner, bijna haaks naar rechts, met een onwaarschijnlijke snelheid van tweehonderdtachtig kilometer per uur. Aan de buitenkant een smalle uitloopzone en een dreigende grindbak. Maar Max heeft de kortere binnenkant en dendert voor Hamilton door de bocht, op weg naar de slingers van Maggotts en Becketts. Daar loopt hij zienderogen uit. Hamilton ligt nu te ver achter om nog eens een slipstream te pakken op Hangar Straight. Wat een duel! De strijd was kort maar heftig, zoals het steeds is. Puntje van je stoel. Dit is wat we willen zien. Dit is Formule 1.

Helaas lijkt na de eerste ronde de strijd gestreden. Max loopt weg. Genoeg om Hamilton geen DRS te geven. Natuurlijk blijft het volle bak en geconcentreerd racen. Eén klein foutje en Hamilton zal niet aarzelen om toe te slaan. Zeventien ronden, veel tijd is er niet. Geen strategie, geen banden sparen of pitstopwiskunde. Het moet op de baan gebeuren. Er zijn wel wat gevechten achter de leiders, maar niemand neemt veel risico, want zodra je je vergaloppeert, gooi je vooral de race en de punten van zondag weg. Zoals Pérez doet, wanneer hij bij Chapel van de baan glijdt en heel wat plaatsen verliest. Uiteindelijk stopt hij zelfs in de pits, om zondag, geheel gerepareerd, vanuit de pits te kunnen starten. Max wint en heeft dus de 'pole', op zondag. Hamilton volgt in zijn spoor.

Marketingmannetjes jubelen ogenblikkelijk dat de sprintrace een enorm succes was. Van mij mag het. Hoe meer er geracet wordt in een weekend, hoe beter. Zeker als je denkt aan die eerste ronde. De winnaar krijgt een prachtige lauwerkrans omgehangen. Max straalt in de lauweren, waarmee vroeger helden als Fangio, Stewart en Lauda op het podium stonden. Maar jongeren, lees ik op de sociale kanalen, begrijpen niks van die rare struik om Max z'n nek...

Stand:	
Verstappen	185
Hamilton	152

20

Grand Prix van Groot-Brittannië

Omdat hij de sprintrace op zaterdag gewonnen heeft, staat Max Verstappen op zondagmiddag, voor de Grand Prix waarin de grote punten verdeeld worden, vooraan. Naast hem Lewis Hamilton. Er zitten driehonderdduizend mensen rondom de baan, het voelt weer als vanouds. En als de vijf lichten boven de Hamilton-Straight uitgaan, is Lewis net iets beter weg. Onmiddellijk knijpt Max naar rechts, maar Lewis is al op gelijke hoogte en gaat met een neuslengte voor de eerste bocht in. Zij aan zij. Max, aan de buitenkant, neemt meer speed mee, raakt de kerbs, stof waait op, maar voor de volgende draai naar links rijdt hij alweer voor Lewis, aan de binnenkant. In de volgende bochten kiest Hamilton steeds een iets andere lijn, om uit de turbulentie van de Red Bull te blijven, om bij het uitkomen van de Loop pal onder Max' vleugel te duiken. Hamilton valt aan, wil erlangs, moet erlangs, je voelt het aan elke beweging. Het publiek staat recht overeind, commentatoren schreeuwen. Max zwenkt naar links om de slipstream te breken, maar Hamilton heeft genoeg vaart, komt alweer op gelijke hoogte. Naast elkaar, Hamilton een neuslengte voor, stormen ze op Brooklands af, bijna raken ze elkaar wanneer ze insturen, linksaf. Max duikt voor Lewis de bocht door. Het gejuich klinkt van de tribunes, die dit deel van het circuit omzomen, dit is racen! Luffield, tweemaal rechtsom, ertussenin raakt Max, net als gisteren de kerb. Lewis volgt opnieuw een iets andere lijn. En wanneer hij door Woodcote zwiept, kruipt hij weer onder de vleugel van de Red Bull. Langs de oude pitmuur. Aan het eind wacht Copse. Gisteren lukte het Lewis niet om Max daar voorbij te steken. Hij weet: als ik het nu niet red, is waarschijnlijk ook deze race verloren. Hij doet een halve dummy: lijkt heel even naar links, de buitenkant te komen, net als gisteren, maar duikt dan agressief naar rechts, tussen Max en de pitmuur, voor de binnenkant van de bocht. En dan begint de bocht al. Geen van beiden geeft af. Max stuurt in, Lewis houdt het gas erop en dan raakt zijn linkervoorwiel het rechterachterwiel van Max. Bij ruim tweehonderdvijftig per uur. Meteen slaat de Red Bull achterstevoren, glijdt achteruit de baan af, over de uitloopzone, over het grind en slaat dan zijdelings hard in een bandenstapel. Lewis rijdt door.

Het moest ervan komen. Wat een gevecht en wat een bizarre ontknoping. Na zo'n openingsronde! Een halve slechts. Iedereen tuurt ontdaan naar de monitoren. Wat een klap. Safetycar. Max klimt inmiddels zelf uit de auto, hij lijkt oké. Gelukkig. Het moest er een keer van komen. Dit zat erin. Lewis ging niet meer afgeven. Hij moest en hij zou er voorbij. Deze race wilde hij niet ook verliezen. Dan raakte de titel echt uit zicht en nog wel voor eigen publiek... Is hij te ver gegaan? Zelf vindt hij van niet. Over de radio heeft hij al gemeld dat Max gewoon op hem in stuurde. De rode vlag hangt uit. De Red Bull moet worden weggetakeld, de schade aan de bandenstapel gerepareerd.

Intussen volgt herhaling op herhaling. Ja, het is een veel te optimistische inhaalactie van Lewis. Hij zit ook tamelijk ver van de apex vandaan. Aan de binnenkant was nog ruimte. Maar aan de buitenkant, waar Max rijdt, ook... Waren ze op gelijke hoogte? Pal voor de bocht bijna, maar niet helemaal. Wie had er ruimte moeten geven? Geen van beiden. Geen van beiden wilde ruimte geven. Want dit gaat niet alleen om deze race. Dit gaat om de titel, om de bovenste plek op de apenrots van de Formule 1. Hamilton, achteropgeraakt in de strijd om het kampioenschap, en ook hier op Silverstone aan de verliezende hand, geeft een teken: vanaf hier ga ik niet meer opzij. Heeft hij dit bewust gedaan? Ik denk dat het op instinct gaat. Het gaat allemaal supersnel, maar de zevenvoudige weet echt wel welk risico hij hier neemt. Wat de gevolgen kunnen zijn. Een biljartsituatie. Maar als hij er in Copse niet voorbij was gekomen, had hij de race verloren, net als gisteren in de sprint. De klap was gigantisch. Max is met 51G zijdelings in de banden geslagen. Hij moet naar een ziekenhuis in Coventry voor een check. Heel langzaam komt iedereen op adem. De hartslag zakt. Wat een gevecht was dit. Dit is toch wat we willen zien? Jawel, maar dan zonder zo'n afloop. Maar juist die lijkt onvermijdelijk...

Bij de restart, een staande start, mag Leclerc, die in alle hectiek de kop had overgenomen, vooraan beginnen. Hamilton naast hem. Deze keer begint Lewis wat rustiger. Zijn directe concurrent is weg, en die Ferrari krijgt hij wel. Leclerc leidt de openingsfase, voor Lewis, Norris en Bottas. In Luffield gaat Vettel achterstevoren als hij te hard gaat in duel met Alonso. Zie: het is allemaal op het randje. Al snel komt er een mededeling van de stewards. Naar aanleiding van het incident in bocht 9 krijgt Lewis een tijdstraf: tien seconden voor het veroorzaken van een botsing. Na afloop van de race volgt een gedetailleerde uitleg: de stewards achten niet een van de twee coureurs volledig schuldig aan de crash, maar Lewis wel voor het merendeel; vandaar dat hij een straf krijgt. Bij zijn pitstop voor nieuwe banden zit hij de straf uit. Zodra hij stopt, telt een teamlid met een stopwatch de tien seconden af, intussen mag niemand de auto aanraken. Voor de zekerheid nemen ze bij Mercedes altijd een paar seconden extra, dan volgt vliegensvlug de bandenwissel, en weg. Als vierde komt Hamilton terug op de baan. Hammertime. Drie ronden later steekt hij Norris eenvoudig voorbij, nog voor Copse. Niet veel later krijgt Bottas een boodschap over de radio: 'Oké, Valtteri, we draaien de auto's om in bocht 15.' In Stowe gaat de Fin keurig aan de kant voor zijn teamgenoot. Nog negen seconden naar koploper Leclerc, en nog twaalf ronden te gaan. De Mercedes is sneller. En met nog drie ronden te gaan zet Lewis de aanval in. In Copse. Met meer dan driehonderd per uur stormen ze zij aan zij op de bocht af. Lewis neemt opnieuw de binnenkant, dit keer gaat hij wel over de kerb. Leclerc probeert aan de buitenkant mee te gaan, maar schiet over de kerbs de uitloopzone in. Hamilton pakt de leiding. En wint de race.

Voor de achtste keer wint Lewis de Grand Prix van Groot-Brittannië, voor eigen publiek. Hij is uitgelaten, blij. Rent met een vlag over de baan, nadat hij de auto onder het podium geparkeerd heeft. En natuurlijk gaat het thuispubliek uit de bol. Maar het gaat Lewis niet alleen om de race. Hij weet dat hij het tij gekeerd heeft. Dat hij terug is in de strijd om de titel. Als hij die wanhoopsactie in Copse niet had gedaan, had hij op grote achterstand gestaan, nu heeft hij Max weer binnen bereik. Kort na de race gaat er een foto over de sociale kanalen van een lachende Max met zijn vader Jos vanuit het ziekenhuis. Alles is gelukkig in orde. Maar via Twitter volgt later nog een bericht. Max meldt dat hij blij is dat hij oké is. Maar ook zwaar teleurgesteld dat hij zo uit de race getikt is. De straf voor Lewis, stelt hij, helpt hen niks en staat ook niet in verhouding tot de gevaarlijke actie. Bovendien, vindt Max, getuigde het uitbundige feest na afloop, terwijl hij nog in het ziekenhuis was, niet echt van respect en sportiviteit.

Stand:	
Verstappen	185
Hamilton	177

21
Protest

Er wordt nog lang nagepraat over de clash in Silverstone. Al meteen toen de rode vlag uitging op het circuit, meldden de teambazen zich via de radio bij wedstrijdleider Masi. Eerst Horner: 'Michael, iedere coureur weet dat je daar in die bocht geen wiel steekt. Het was een heftig ongeluk. Godzijdank komt Max er heelhuids van af. Ik mag hopen dat je actie onderneemt en een passende straf uitdeelt.' Masi verwijst Horner naar de stewards. 'Daar zijn ze voor.' Even later is ook Toto Wolff op de radio. 'Michael, ik heb je een e-mail gestuurd.' Masi antwoordt fijntjes dat hij nooit mails leest tijdens een race en verwijst ook de Mercedes-baas naar de stewards. Uiteindelijk wordt Lewis als 'hoofdschuldige' aangewezen en volgt de tijdstraf van tien seconden. Het is vooral de strafmaat die Red Bull in de dagen na de race dwars blijft zitten. En daar hebben ze wel een punt. Lewis rijdt zijn rivaal om de titel van de baan, en hoeft daarvoor slechts tien seconden extra stil te staan bij zijn pitstop. Maar omdat de twee topteams momenteel stukken sneller zijn dan de rest, en makkelijk veertig, vijftig seconden uitlopen, voelt Lewis weinig van zo'n straf. Sterker nog: hij wint gewoon de race. Om nog wat zout in de wonde te strooien onthult Mercedes dat ze tijdens de rode vlag gelukkig nog een reparatie konden uitvoeren aan het linkervoorwiel; zonder zou Lewis niet zijn gefinisht. Masi legt uit dat bij het vaststellen van de straf alleen wordt gekeken naar het vergrijp. Op het veroorzaken van een botsing staat nu eenmaal een tien-seconden-straf, of het nu titelrivalen of achterblijvers betreft, dat maakt niet uit. Klassenjustitie moet worden voorkomen. Het blijft bitter. Red Bull besluit de straf aan te vechten. Daarvoor zullen ze met nieuw bewijs moeten komen. Het team maakt er werk van. Gps-data van beide auto's worden verzameld, de botsing wordt vergeleken met Hamiltons inhaalactie op Leclerc aan het eind van de race, er worden simulaties gemaakt van het ongeluk en tijdens filmdagen op Silverstone, ten behoeve van de publiciteit, wordt Alex Albon in een Red Bull speciaal nog even de baan op gestuurd met de opdracht om precies Hamiltons lijn na te bootsen. Volgens Horner had Hamilton de bocht nooit gehaald zonder botsing.

Vóór de Grand Prix van Hongarije is een extra hoorzitting met de stewards ingelast. Red Bulls protest wordt direct verworpen. Er is geen nieuw bewijs ingebracht. Het filmpje met Albon is slechts gecreëerd bewijs. In het communiqué na afloop schrijven de stewards bovendien dat zij zich zorgen maken over niet-relevante, ernstige beschuldigingen aan het adres van Hamilton. Mercedes haakt er meteen op in: zij vinden dat er nu een eind moet komen aan de pogingen van Red Bulls seniormanagement om Hamilton te beschadigen.

In Hongarije worden de beide hoofdrolspelers natuurlijk belaagd door de pers. Beiden zijn aanwezig bij de FIA-persconferentie en de journalisten hebben slechts één onderwerp: de Copse Corner-clash op Silverstone.

Max heeft zich niet met het officiële protest van Red Bull bemoeid, maar hij vindt het wel fijn om te zien dat het team zo achter hem staat. Hij benadrukt nog eens dat hij moeite houdt met Hamiltons uitbundige blijdschap na afloop van de race. En niet alleen van Hamilton, van het hele Mercedes-team. Het laat zien, vindt hij, hoe ze werkelijk zijn. Op het ongeluk heeft hij zijn eigen visie: 'Ik reed aan de buitenkant, dus ik open de bocht, maar ik verwacht niet dat hij daar doorzet en met onderstuur tegen me aan rijdt. Ik deed niks verkeerd daar. Verwacht men dan dat ik helemaal naast de baan ga rijden en dan als eerste de bocht uit kom? Dan zeggen ze dat ik buiten de baan gegaan ben. Het verrast me dat ik voor een deel als schuldige word aangewezen.' Wanneer er in een vraag wordt gerefereerd aan zijn reputatie als agressieve coureur, verdedigt hij zich: 'Mensen zeggen zo makkelijk dat ik agressief ben, maar ik vind van niet. Ik race hard, stevig, maar uiteindelijk weet ik heel goed hoe ik me moet positioneren. Ik ben niet betrokken bij ongelukken waarbij ik tegen anderen op rijd. Ik heb nul strafpunten op mijn licentie, dat zegt toch genoeg.' En ja, Hamilton heeft hem gebeld, maar daar wil hij verder niet op ingaan.

Hamilton denkt dat er weinig mis is met zijn manoeuvre in Copse. 'Ik zou het precies weer zo doen. Ik heb het geanalyseerd, en met mijn ervaring – en ik heb heel wat meegemaakt intussen – zou ik niks veranderen.' Het feestje na afloop vindt hij niet respectloos. 'Ik wist niet waar Max was. Ik had hem uit zijn auto zien stappen op een van de schermen langs de baan. Men zei tegen mij dat hij oké was. De vreugde na afloop was spontaan. We hadden er zo hard voor gewerkt. Het was monumentaal om te winnen voor het thuispubliek, dat er voor het eerst weer bij was. Ik werd blij van zoveel mensen die samen blij waren. Dan ga ik mijn emoties niet verbergen.' Over het telefoongesprek is ook Hamilton kort. 'Ik heb gebeld om te vragen of hij oké was. En gezegd dat ik hem nog altijd respecteer. Misschien is dat wederzijds niet het geval, maar dat is oké.'

Max is na een paar sessies wel klaar met alle heisa. 'Ik weet wat er gebeurd is, ik zat in de auto.' Hij kijkt liever vooruit. Hij is een paar dagen een beetje beurs geweest. Hij heeft meegedaan aan een virtuele 24 uursrace om te voelen hoe zijn lijf reageerde. Alles is in orde. Het racen met en tegen Hamilton verandert niet. 'Uiteindelijk zijn we racers, we gaan gewoon door. We vechten nog steeds samen om het kampioenschap, en we zullen verder racen op de beste manier, althans wat mij betreft.'

Het was onvermijdelijk, bijna logisch, de clash in Silverstone. Dit is de moderne Formule 1. Geen van beiden wilde wijken. Het ging niet om de zege in één race, het gaat zelfs niet om één wereldtitel – nou ja, een beetje; de titel is het teken. Maar het gaat om meer dan dat. Het gaat om de hegemonie. Wie is de snelste, wie is de beste? Wie is nummer één? De strijd begint meer en meer de allure te krijgen van de legendarische tweestrijd tussen Prost en Senna. En niet alleen de botsingen, maar ook alles eromheen: de verwijten, de insinuaties, protesten en onderzoeken. Alles wordt uit de kast getrokken. Zo hoort het. Het zal beslist niet de laatste keer zijn dat de twee rivalen tegen elkaar op rijden. En natuurlijk wordt zo ook de verhouding er niet beter op. Max is druk bezig

Lewis van zijn troon te stoten en Lewis zal zich tot het alleruiterste weren. Het was niet fraai en zelfs gevaarlijk wat Lewis in Copse deed, maar nogmaals: de Formule 1 is geen theekransje. We beleven een historisch seizoen, intens, prachtig, met alles erop en eraan.

22

Grand Prix van Hongarije

Na afloop van de kwalificatie – de twee Mercedessen staan op de eerste startrij, de updates uit Silverstone werken – klinkt er tijdens het interview met Hamilton luid boegeroep van de tribunes. De fans zijn Silverstone nog niet vergeten. Door de intense tweestrijd en helemaal door de crash zijn de gemoederen onder de fans behoorlijk opgelopen. Begrijpelijk. Helaas blijkt hier en daar ook het wederzijds respect verdwenen. Met name op de sociale kanalen laat menigeen zijn frustraties de vrije loop. Maar ook op de circuits is de sfeer soms onvriendelijk, iets wat eigenlijk nooit eerder is gebeurd. Echte Formule 1-fans houden van de sport, zij weten hoe bijzonder het is wat ze voorgeschoteld krijgen. Ze vereren hun idool, met vlaggen, shirts en petjes, maar hebben tegelijk waardering en respect voor de tegenstanders. Dat moet wel zo blijven. Geen kinderachtig voetbalgedoe in de Formule 1! Lewis reageert gelaten: 'Om eerlijk te zijn: ik heb me nog nooit zo goed gevoeld bij boegeroep. Het pept me op. Het is sport. Mensen worden daar emotioneel bij. Ik neem het niet zo zwaar op.' Zijn teamgenoot springt voor hem op de bres. 'Normaliter zeg ik hier niet zoveel over, maar ik snap er niks van. Wij geven hier alles voor de sport waar we van houden. Lewis heeft een geweldige kwalificatie gereden en dan krijgt hij boegeroep. Laat die mensen eens goed bij zichzelf nadenken. Het is niet sportief. Dit willen wij niet.' Max maakt er minder woorden aan vuil. 'Het is niet correct,' zegt hij. 'Maar wij zijn professioneel genoeg om ons er niets van aan te trekken.'

Op zondag regent het in Boedapest. Vlak voor de race zijn de buien over, maar de baan is nog nat. Alle coureurs kiezen voor intermediate-banden. Dat wordt straks spannend wie het eerst durft over te stappen naar slicks. Of niet? Hamilton is het best weg, wanneer de lichten uitgaan, Bottas echter hapert. Max is er meteen voorbij, ook Pérez glipt langs en Norris heeft zich al tussen de Mercedes en de pitmuur door gewurmd. Hamilton draait met voorsprong de eerste bocht in, als achter hem Bottas ongewild begint aan een potje bowling. De Fin verremt zich en glijdt kansloos tegen Norris aan, die onmiddellijk vooruitschiet en Max van de baan tikt. Bottas glijdt opzij en neemt Pérez mee van de baan af. Ook Gasly moet uitwijken, de uitloopzone in. Achter alle rondschuivende auto's is vervolgens Stroll te laat met remmen en rijdt de rechterkant van Leclercs Ferrari aan barrels. Samen schuivend duwen ze ook nog Ricciardo achterstevoren. Safetycar. Hamilton leidt, voor Ocon. Ocon remde wijselijk op tijd helemaal aan de binnenzijde van bocht 1, zag alle wrakken voorlangs schuiven en kwam tot zijn eigen verrassing op plaats twee de bocht uit, met achter zich Vettel en Sainz. Max strompelt naar de pits. De rode vlag gaat uit. Alle auto's keren terug naar de pits. Monteurs van Red Bull proberen de schade aan de auto van Max nog zo veel mogelijk te verhelpen, maar de rechterkant is zwaargehavend. Bottas, Norris, Pérez, Leclerc en Stroll liggen uit de race.

Als de auto's weer op weg gaan naar de grid, voor een staande start, rijden ze allemaal op de intermediates. Maar de baan ziet er inmiddels stukken droger uit. Via de boordradio meldt Russell: 'Zoals het er nu uitziet, gaat iedereen voor slicks!' En inderdaad, iedereen rijdt meteen weer de pits binnen. Iedereen, behalve Lewis Hamilton. Moederziel alleen staat de Mercedes vooraan op de grid. Een bizar gezicht. Als de lichten uitgaan, gaat hij als enige van start en jawel, hij neemt de leiding. In de pits is het intussen dringen geblazen. Räikkönen rijdt tegen Mazepin op. Straf voor Kimi, Mazepin out. Als Hamilton de eerste bocht in draait, is het Russell die als eerste de achtervolging inzet, gevolgd door Ocon en Vettel. Aan het eind van de ronde schiet ook Hamilton de pits in. Wat een blunder heeft hij begaan! Natuurlijk, normaal gesproken neem je, als je aan de leiding ligt, niet als eerste de gok om naar slicks te gaan – op die routine is hij buiten gebleven. Maar als iedereen ziet dat de baan droog genoeg is, moet Lewis, met al zijn ervaring als zevenvoudig kampioen, dat toch als eerste zien? Terwijl hij zijn banden wisselt, stormt het hele veld, op banden met veel meer grip, voorbij over start-finish. Als veertiende en laatste komt Lewis de baan weer op. Ocon rijdt aan de leiding. Russell heeft een plek of zeven moeten teruggeven, omdat hij in alle verwarring had gesmokkeld in de pitstraat. Ocon voor Vettel, Latifi en Tsunoda… wat voor een race is dit? Esteban Ocon was in het jaar dat Max furore maakte in de Formule 3 zijn grootste tegenstrever. Ocon werd zelfs kampioen. Maar anders dan Max verliep zijn entree in de Formule 1 moeizamer. Ook bij Alpine ging het aanvankelijk lastig, maar sinds hij een nieuw chassis heeft, gaat het beter. Punten in

Silverstone en nu aan de leiding, en waarom zou hij deze niet winnen? De subtop is in bocht 1 door Bottas geëlimineerd, Max is kansloos door alle schade en Hamilton heeft nog een lange weg te gaan.

Langzaam maar zeker werkt de regerend kampioen zich naar voren. Met een undercut passeert hij zowel Max als Ricciardo. Vooraan probeert Vettel alles om Ocon te passeren, maar Ocon houdt stand. Hamilton gaat Latifi voorbij, Gasly, Tsunoda. Hij ligt vijfde met nog achtendertig ronden te gaan. Dan stuit hij op Alonso. Alonso weet dat zijn teamgenoot vooraan rijdt, bovendien is hij niet bepaald een vriend van Lewis. Alonso tekende voor 2007 een contract bij McLaren in de hoop daar zijn derde wereldtitel te pakken. Maar tegelijk met hem kwam ene Lewis Hamilton in het team, en de debutant deed het beter dan verwacht. Als vanzelf koos het team de kant van zijn oogappel en zelfopgeleide junior, de sensatie van dat seizoen. Het leidde tot bittere confrontaties op en naast de baan. Alonso, gefrustreerd, pleegde vervolgens verraad in het spionageschandaal en Räikkönen werd wereldkampioen. In de jaren dat hij geen Formule 1 reed, volgde Alonso de races alleen om te zien wat Verstappen deed, verklaarde hij bij zijn comeback. Duidelijk. In Hongarije komt de oude vechtjas boven. Alles stelt hij in het werk om Hamilton achter zich te houden. En het lukt. Ronde na ronde komt Lewis met DRS bijna langszij in bocht 1, maar Alonso geeft geen krimp. Meer dan tien ronden houdt Alonso stand, tot hij zich verremt in bocht 1. Lewis passeert ook Sainz nog, maar dan is de koek op. Ocon ligt te ver voor en wint. Hij kan het zelf nauwelijks geloven. Het is zijn eerste Grand Prix-overwinning. Met dank aan zijn teamgenoot Alonso, die als een ware toreador Hamilton lang genoeg bezighield. Naast elkaar rijden de Alpines hun uitrijronde. Lewis heeft geluk: na afloop wordt Vettel gediskwalificeerd, zodat hij opschuift naar plaats twee. Maar als hij aan het eind van de rit zeven punten tekortkomt...

Nog verder naar achteren rijdt Max. Hij is als tiende gefinisht en scoort daarmee één punt. Van de grote voorsprong vóór Silverstone is niks meer over, omdat hij tot tweemaal toe buiten zijn schuld door een Mercedes van de baan is gekegeld. Met zes punten achterstand gaat hij de zomerbreak in. Via de radio spreekt Horner hem moed in: 'Goed gedaan, Max. Dit kan een belangrijk punt zijn. Misschien het belangrijkste punt uit je hele carrière. We komen sterker terug.'

Stand:
Hamilton 192
Verstappen 186

23
Regen

Hoe vaak hebben de fans van Max de afgelopen jaren niet gehoopt op of zelfs gesmeekt om regen? Want een flinke hoosbui kon de race flink door elkaar gooien. En in de regen zou Max altijd boven komen drijven – iedereen herinnert zich die megarace in Brazilië 2016, waar Max voor het eerst in de Formule 1 liet zien waartoe hij in staat is wanneer het plenst. En hoe vaak bleek uit de weersverwachtingen niet dat het zou gaan regenen op zondag? Maar even zo vaak vielen de buien pas na de finishvlag. Tijdens de race was het dan gewoon droog gebleven en hadden de Mercedessen eenvoudig hun een-tweezege naar huis gereden. Hoe fijn was het dus om dit jaar in Oostenrijk juist Lewis Hamilton te horen zeggen dat hij hoopte op regen voor de race. Er is werkelijk iets veranderd. Pas in België wordt hij op zijn wenken bediend. Het regent op Spa-Francorchamps, en hoe.

Op vrijdag is er nog weinig aan de hand. Terug van de zomerbreak is er een primeur. Alonso rijdt met een helmcamera. De camera, achter het vizier, kijkt met de coureur mee. Over Blanchimont bij tempo driehonderddertig, remmen voor de ex-busstop-chicane, slingeren, over het rechte stuk, dan draaien door La Source en vervolgens omlaag, omlaag, op het oog van de naald af, Eau Rouge, driehonderd per uur en meteen omhoog, blind de Raidillon op, onder de bomen, waarna bovenaan de Kemmel zich opent... Het gaat allemaal in een flits. Met deze camera zie je, voel je pas goed hoe alles schudt en rammelt, hoe smal de baan wordt, dat je niks en nada ziet naast je en dat je maar moet vertrouwen op de grip, de mechanica, de downforce en de rest... Verder is het een gewone, rustige vrijdagmiddag. Leclerc glijdt in bocht 6 naast de baan tegen de afzetting. Max doet even later hetzelfde in bocht 7, maar hij blijft de snelste, voor Bottas en Hamilton. Iedereen is er weer.

Op zaterdag begint het te regenen. Nogal. In de derde vrije training glijden auto's links en rechts van de baan. Het is nauwelijks te doen. Als de kwalificatie begint, lijkt het weer iets beter. In het eerste deel is Max de snelste, hij voelt zich hier thuis, de nattigheid incluis. Na hem volgen Norris, Hamilton en Russell. De jonge Britse garde en de wereldkampioen, die overduidelijk moeite heeft met de omstandigheden. Biedt de regen waar hij op hoopte toch geen uitkomst? In de tweede sessie is Norris verrassend de snelste, ook hij is blijkbaar in zijn element. Hamilton en Bottas volgen. Bottas heeft overigens nog een straf tegoed, wegens het veroorzaken van de botsing bij de start in Hongarije: hij zal op de grid vijf plaatsen terug worden gezet. Ook Lance Stroll krijgt een *five-place grid penalty* voor de aanrijding met Leclerc.

Pal voor het licht voor Q3 op groen gaat, gaan de hemelsluizen pas echt open. Het regent dat het giet. Overal hangen nevels, op de baan overal plassen, stroompjes, riviertjes. Norris gaat als eerste de pits uit. Gevolgd door

Vettel. Tijdens het rondje is er contact via de radio. Is het nog wel te doen in deze omstandigheden? 'Veel aquaplaning,' meldt Norris. Achter hem is Vettel duidelijker: 'Te gevaarlijk. De rode vlag moet uit.' Norris is intussen over start-finish gekomen en geeft gas. Hij gaat vandaag goed in de regen, er valt iets te halen. Door La Source en dan omlaag, nauwelijks zichtbaar in de spray vliegt hij met bijna driehonderd door Eau Rouge, maar op de Raidillon gaat hij nét iets te veel naar rechts, raakt de kerbs, moet corrigeren en zwiept vervolgens kansloos in volle vaart van de baan. Hard slaat de McLaren met de neus tegen de afzetting en schuift, wilde pirouettes draaiend, de baan weer op. Rode vlag. Het is de klassieke Raidillon-crash, Zanardi ging er zo ooit af, Jacques Villeneuve, Zonta. In de w-Serie – een raceserie voor vrouwen – zijn er eerder op de dag al zes auto's op elkaar gevlogen hier. De Nederlandse Beitske Visser werd tot tweemaal toe getorpedeerd en over de kop geslingerd. Wonder boven wonder kwam ze met de schrik vrij. Wordt de Raidillon te gevaarlijk? Vettel, inmiddels door La Source, wordt via de radio gewaarschuwd. Vloekend zit hij in zijn auto: 'Ik zei het toch? Rode vlag!' Hij stopt bij het wrak van de McLaren. Zodra hij een duimpje krijgt van Norris, gaat hij voort. Opgelucht haalt iedereen adem. Het is goed afgelopen. De koolstof-monocoque, de safetycel, heeft zijn werk weer gedaan.

Norris moet naar het medisch centrum voor een check, de auto wordt geborgen, de rommel weggeveegd. Intussen lijkt de regen weer wat af te nemen. Met de schrik nog in de benen gaat de kwalificatie even later voort. Er is nog tijd voor twee runs. Hamilton zet meteen de snelste tijd neer, Pérez en Max volgen. Maar dan is er ineens een verrassing. George Russell in de Williams rijdt in de eerste sector de snelste tijd. En in de tweede ook! Stukken sneller dan Hamilton. Dat Russell Q3 heeft bereikt voelde voor het team van Williams al als een overwinning. Nu hebben ze niets meer te verliezen en zetten alles op deze ene run. Russell neemt alle risico's die er te nemen zijn. In het ergste geval rijdt hij flinke schade en hebben de monteurs een hele nacht werk. Dat hebben ze ervoor over. Want stel dat het goed uitpakt, en Russell pakt hier poleposition in een Williams... Ook de laatste sector is goed en Russell pakt de voorlopige pole, anderhalve seconde sneller dan Hamilton! De zwart-wit geblokte vlag hangt uit. Maar Lewis is nog onderweg en weet nu dat er nog een schepje bovenop moet. Op de streep komt hij echter dertien duizendste tekort. Ook Pérez is langzamer dan Russell. Maar Max scheert inmiddels over Blanchimont. Een paar tellen later komt hij over de streep. Met drie tienden verschil kaapt Max de pole voor Russells neus weg. Overal rond het circuit gaat groot gejuich op. Ondanks dat volgende week al de race op Zandvoort is, zijn de Max-fans weer massaal naar Spa getrokken. Ook de Red Bull-monteurs juichen. Maar in de Williams-garage is de vreugde zo mogelijk nog groter. Hossende monteurs vieren feest: een Williams op de eerste startrij, voor het eerst sinds 2017. Het team, inclusief Mr. Saturday, stijgt boven zichzelf uit.

24
Grand Prix van België

Op zondag regent het opnieuw. Harder. In het voorjaar en de zomer is het circuit al tweemaal getroffen door watersnood. De tweede keer bij de regenval die halve dorpen in de omgeving wegvaagde. Nu is het niet zo erg, maar de baan staat blank. Overal grote plassen, stroompjes water. Rijden nu lijkt op z'n minst gevaarlijk, of eigenlijk in het geheel niet te doen. Iedereen heeft de crash van Norris nog op het netvlies staan.

Het is altijd dubbel wanneer het zo regent. Oude puristen halen dan graag *daredevils* aan, zoals Tom Pryce: 'We zijn professionals, wij kunnen toch wel door een paar plassen rijden?' Of Mario Andretti: 'We zijn naar het bal gekomen, nu zullen we dansen ook.' Met een beetje weemoed wordt teruggedacht aan legendarische races in de stromende regen: de eerste zege van Ayrton Senna in Portugal 1985, het waterballet in Monaco 1984, het begin van de confrontatie tussen Senna en Prost, Fuji 1976, de eerste Grand Prix van Japan, Niki Lauda weigert verder te rijden en James Hunt wordt kampioen. De botsoperette hier op Spa 1998 met Schumi die Coulthard te lijf wilde, en recenter de geweldige inhaalrace van Jenson Button in Canada 2011 of de masterclass van Max Verstappen in Brazilië 2016. Dus ja, laat het maar plenzen. Tom Pryce had gelijk. Anderzijds weet je dat er tegenwoordig anders over wordt gedacht. Al wordt er in mijn ogen soms wel erg snel besloten tot een rollende start vanachter de safetycar. Vandaag is de regenval wel heel extreem. Bovendien zijn er bijkomende problemen. De auto's van 2021 werpen erg veel spray op, en die spray blijft op Spa langdurig hangen tussen de bomen. Ook wordt de *full wet tyre* van Pirelli door de coureurs niet zo gewaardeerd: te weinig afvoer, te weinig grip. Kortom: wordt er vanmiddag nog wel geracet?

Toch, om halfdrie gaat de pitlane open en kunnen de auto's beginnen aan hun rondje naar de grid voor de startopstelling. De spray is meteen enorm. Bovenaan bij de chicane van Les Combes verliest Pérez alle grip en schuift zonder iets te kunnen doen rechtdoor tegen de afzetting. Race over, nog voor hij begonnen is. De start wordt een halfuur uitgesteld. Tegen halfvier wordt besloten te gaan rijden, achter de safetycar, die zich al voor het veld heeft opgesteld. Om te zien hoe de omstandigheden zijn, en misschien om de baan een beetje droog te rijden. Tegen beter weten in. Want zodra de stoet de Kemmel op rijdt, is alleen de safetycar nog te zien, en af en toe Max, als hij helemaal opzij, uit de spray van de safetycar gaat rijden; de rest gaat volledig gehuld in nevelen. Het is niet te doen, klagen alle coureurs over de radio, veel te gevaarlijk. Alleen van Max mag de race beginnen, maar hij is dan ook de enige met een beetje zicht vooraan. Na een paar ronden gaat de rode vlag uit en komt alles en iedereen de pits weer in. Wachten. Op weersverbetering. Die zich niet echt aandient. Het regelboek wordt bekeken:

is de klok nu gaan lopen of niet? Want dan moet de race binnen drie uur klaar zijn. Later wordt de klok gewoon stilgezet. Het blijft gieten. Een enkele keer rijdt de doktersauto een rondje of twee, om vast te stellen dat het nog altijd te nat is. Dat is het. Vooral de spray is het probleem. Langzaam begint de hoop op een echte race te vervliegen. De tijden van mannen als Brambilla, Rodríguez en Ickx zijn voorgoed voorbij. Ondertussen wacht het publiek. Op de tribunes zit men nog enigszins droog, maar talloze Formule 1-fans staan langs de baan te soppen in de modder. Kaartjes kostten honderden euro's. Wachten. Uren gaan voorbij. Hoe laat wordt het donker? Een farce dreigt.

Dan, om kwart over zes – ruim drie uur na de geplande starttijd – komt de meute opnieuw de pits uit, achter de safetycar. We gaan het proberen, stelt Masi, volgens hem komt er mogelijk een gaatje in de buienmassa. Maar het tafereel is onveranderd: het hele veld gaat schuil in een grote whoooeshh van spray. Zicht nihil. Na drie rondjes keert men onverrichter zake terug in de pits. Het gaat niet. Het wordt een farce. Want met minimaal twee rondjes achter de safetycar is er officieel sprake van een race en kunnen er WK-punten worden uitgedeeld, laat de wedstrijdleiding weten. Alsof het daarom gaat. Deze zogenaamde race, achter de safetycar, bevrijdt de organisatie simpelweg van geld-terug-claims. Het is weer eens de Formule 1 op z'n slechtst. Men heeft alles gedaan wat in de mogelijkheden lag om een race te houden. Dat is misschien waar, maar de mensen hebben niet gekregen waarvoor ze gekomen zijn. Om kwart voor zeven deelt de wedstrijdleiding mee dat de race niet opnieuw wordt gestart. Klaar. De mensen mogen naar huis. Op de schermen zien ze nog een podiumceremonie. Het is een schandaal. In de interviews na afloop betuigen de coureurs hun medeleven met de mensen langs de baan. Hamilton zegt dat hij hoopt dat ze hun geld terug kunnen krijgen. Een paar dagen nadien wordt bekend dat er over een teruggaveregeling wordt nagedacht.

Omdat er nog geen 75 procent van de normale raceafstand is afgelegd, krijgen de coureurs slechts halve punten. Vier keer eerder in de geschiedenis werd een race voortijdig afgebroken en werden er halve punten uitgedeeld. In 1984 was een half punt beslissend in de strijd om het kampioenschap. Niemand is echt blij. Max loopt wat in, maar het had veel meer kunnen zijn. Alleen bij Williams zijn ze dolgelukkig met de negen punten. Ze zijn zeer welkom voor het constructeurskampioenschap, want hoe hoger je daar eindigt, hoe meer geld je krijgt uit de prijzenpot. Voor Williams van levensbelang! Snel door naar Zandvoort. De weersvoorspellingen zijn goed.

Stand:
Verstappen 202,5
Hamilton 199,5

25
Het Zandvoortgevoel

Vrijdag

Op vrijdagochtend 3 september – het is nog vroeg maar overal staan al verkeerregelaars, wegwijzers en politiebusjes – rijd ik door Haarlem. Met mijn dochter Inez. We zijn op weg naar Zandvoort. Op de fiets. Het is veertig minuten fietsen naar het circuit. Door de duinen. Het is nog stil en fris. Boven op een duintop stoppen we even wanneer we in de verte, in het zilverig licht van de zee, Zandvoort zien liggen. Nog nevelig – de zon begint er langzaam doorheen te prikken – de flats, de hotels, het reuzenrad, dat speciaal voor de Grand Prix is neergezet. Een oud gevoel tintelt door me heen, ik herken het, hoe moet je het noemen? Beneden rijden treinen heen en weer. Voort, we wilden er voor de drukte zijn. Als we het stille dorp binnenrijden, staan overal borden: Bahrein, Suzuka, Sochi. Wij moeten in Sochi zijn. Zo heet de fietsenstalling die Inez via internet geregeld heeft. Het is geen toeval: bij het hockeyveld, waar de fietsen geparkeerd kunnen worden, herken ik meteen de omgeving en het witte clubhuis. Het gat in het talud moet vroeger Tunnel Oost geweest zijn. Hier ergens was het. Opzij zie ik een bijna overwoekerd trapje omhoog. 'Kom, even kijken…' En inderdaad, als we boven zijn, hebben we uitzicht over de golfbaan. Ik wijs: daar liep vroeger het oude circuit, het supersnelle gedeelte, je ziet de loop nog. Daar is het gebeurd, in 1973. Het ongeluk van Roger Williamson. Ik was getuige. Het was mijn allereerste Formule 1-race. Mijn vuurdoop.

Niks drukte vooruit, het is al stampvol, overal. Ik ben verbaasd, het is nog maar vrijdag! Maar iedereen wil erbij zijn. Het circuit had wel twee keer uitverkocht kunnen zijn, zeker nu er door corona maar zeventig procent van de capaciteit mag worden gebruikt. Het is een geweldig feest voor de Nederlandse racefans. Iedereen heeft hier jaren naartoe geleefd. Natuurlijk kun je naar Spa gaan, naar Oostenrijk of Spanje, maar dit is de Formule 1 in eigen land, op het circuit waar je al zoveel hebt meegemaakt. Waar al zoveel gebeurd is. Dit vertel ik al de hele week op de radio, op de televisie, in podcasts: Zandvoort is nóg mooier, specialer en leuker als je de geschiedenis kent. Dat geldt overigens voor de hele Formule 1. Voor het hele leven eigenlijk. Afgelopen zondagavond – meteen na het regendebacle van Spa – stond ik voor Radio 1 in de Tarzanbocht, in het donker, en vertelde over de oorsprong en de geschiedenis van dit stukje asfalt. Je voelde de racelijnen, het grind, Andretti en Hunt, die elkaar hier in 1977 in de wielen reden... Na afloop trakteerde de persman ons op een rondje over de baan, in een soort golfkarretje, door de duisternis. Af en toe een schijnwerper van een beveiliger. Alles lag klaar: de nieuwe Hugenholtzbocht, de Hunzerug, de Rob Slotemakerbocht, het Scheivlak, de Arena, de nieuwe Arie Luyendykbocht – we moesten ons vasthouden om niet opzij uit het golfkarretje te kieperen… Waar verheug je je het meest op, werd me steeds gevraagd. Op het moment dat op vrijdagochtend het licht aan het eind van de pitstraat op groen gaat. Dan gaan de auto's de baan op. De echte, die meedoen om het wereldkampioenschap Formule 1. Dan sluit de geschiedenis weer aan bij het heden, en omgekeerd. Van Max tot Mazepin rijden ze door de Tarzanbocht, waar ook Lauda, Ickx, Carel en Ascari…

Tegen halftwaalf zitten we tegenover de pits, precies ter hoogte van dat stoplicht in de pitstraat. Overal slaan motoren aan. De Ferrari's rijden al naar het eind, wachten grommend tot het licht op groen gaat, en ja, daar gaan ze al. In de schuine ramen van de lounges boven de pits zien we ze aansluiten: McLaren, Red Bull, Mercedes, Alpine, Williams – de Formule 1 is terug op Zandvoort. Het gaat allemaal snel. Als altijd: de Formule 1 komt meteen ter zake. De eerste auto's flitsen voorlangs. We lachen naar elkaar, geven een boks, want dit zijn ze: waar we elke twee weken voor klaarzitten, waar we over praten, speculeren, waar ik dit boek over schrijf, ze scheuren pal voor ons langs, Sainz, Bottas, Norris, Räikkönen, Vettel, Ricciardo, Lewis en Max.

Het valt me meteen weer op hoe weinig lawaai ze maken. Een paar jaar terug in Spa was dat ook het eerste wat ik voelde. De hybridemotoren zijn wel erg braaf vergeleken met de v8- en v12-motoren die hier vroeger voorbijraasden. Die scheurden bijna letterlijk je trommelvliezen aan flarden, trokken aan je bloedsomloop, gingen dwars door je ingewanden, de grond trilde ervan. Ik weet het, dat is niet meer van deze tijd. Maar het was zo overweldigend destijds, het ging zo dwars door je heen, het was een fysieke ervaring waardoor het allemaal nóg veel sneller leek te gaan, bruter en gevaarlijker. De oude purist mist dat, al zijn het nog altijd fascinerende machientjes van ijzer en rubber die hier met meer dan driehonderd per uur voorbijschieten, remmen, terugschakelen en fraai door de Tarzanbocht draaien. Het geluid went. En de meeste mensen hier deert het helemaal niet. Zodra Max voorbijkomt, gaat iedereen staan en gaat er gejuich op. Ook bij zijn out-lap en in-lap, het maakt niet uit. Het is de oranjegekte. Tachtig tot negentig procent van de bezoekers is in het oranje – Nederland is helemaal into Formule 1.

In mijn boek *MaxMania* heb ik uitgelegd hoe het komt dat de racegekte zo enorm is, zo alom en zo fanatiek ook. Jarenlang heeft Nederland met een bittere mix van afkeer en teleurstelling naar de Formule 1 gekeken. Wij speelden niet mee in het circus van vuur en dood, dat miljoenenbal van list en bedrog. Al onze talenten gingen roemloos ten onder, niks voor ons. En ineens is daar Max, de beste van allemaal! En nu kan het niet op, is iedereen geïnteresseerd in de Formule 1 en hebben we weer een Grand Prix in de duinen. Prima. Maar dan moet Max natuurlijk wel een keer kampioen worden.

Op vrijdag wil het nog niet echt lukken. De trainingen liggen te vaak en te lang stil door gestrande auto's. Max vindt geen vrije ronde om voluit te gaan, en zodra hij er een lijkt te hebben, gaat de rode vlag uit. Voor Vettel, met een elektrisch probleem. En 's middags voor Hamilton, als hij meteen aan het begin van de training al stilvalt met motorpech. Als Hamilton zijn auto naast de baan parkeert, klinkt er gejuich van de tribunes. Maar als hij terugkeert in de pits, is er op verzoek van circuitspeaker Allard Kalff ook applaus. 's Ochtends in de eerste training was Lewis nog wel de snelste, voor Max. 's Middags staan de twee Ferrari's boven aan de tijdenlijst. Iedereen is nog zoekende.

Zaterdag

Op zaterdag zijn we er weer. Het wordt een belangrijke dag. Tijdens de kwalificatie vanmiddag moet het gebeuren volgens experts, want inhalen op deze baan zou wel eens heel lastig kunnen worden. Het fietspad door de duinen was voller, maar op het circuit lijkt het zowaar minder druk. Gisteren zijn een paar bottlenecks te vol gelopen – tegenstanders van de Grand Prix schreeuwden via de sociale kanalen moord en brand – maar op zaterdag zijn de ernstigste problemen opgelost. Het is sowieso een logistiek wonder, deze Grand Prix – alles en iedereen komt op zijn plek, nergens loopt het vast. En de sfeer is bijzonder. De coureurs en de teams voelen dat ook. Christian Horner geniet van de oranje massa, de muziek en de fakkels: 'Het is net of ik in een Nederlandse nachtclub sta!' Ook Max geniet van de fans, maar weet dat hij een beetje uit de wind moet blijven. Iedere ochtend wordt hij anoniem achter op een scooter naar het circuit gereden. De Ferrari-coureurs daarentegen komen, tot vreugde van de omstanders, in dikke zwarte auto's van de zaak binnenrijden. De coureurs zijn ook zeer ingenomen met de baan. Episch, spannend, veeleisend, een achtbaan. 'Het is super om op de banking te rijden,' zegt George Russell.

'Het is snel, heeft een flow en je kunt je geen fout veroorloven – precies wat je wilt van een circuit.' Pierre Gasly vergelijkt de Hugenholtzbocht zelfs met een rodelbaan. De duik in die bocht en het omhoog zoeven, aan de binnen- of buitenkant, is inderdaad spectaculair. Veel coureurs zoeken nog steeds naar de beste lijn, hoog over de buitenkant is favoriet. En de ene coureur neemt de kerbs daar niet mee, de andere wel, je hoort de banden over de geribbelde steenstrook gaan: rrrrrrrrt... Maar ook het gedeelte dat volgt, is adembenemend. De slingers van de Slotemakerbocht en het Scheivlak, de Formule 1 gaat er dik boven de tweehonderd per uur ouderwets en genadeloos snel doorheen.

De ochtendtraining begint zonder Räikkönen. Hij is positief getest op corona en wordt vervangen door Robert Kubica. Max is eindelijk de snelste, voor Bottas, Hamilton en Pérez. De twee topteams hebben het weer voor elkaar. Wie weet hoelang er 's nachts is doorgewerkt in de simulator. De Ferrari's hebben een mindere ochtend. We zien Sainz zelfs crashen in Hugenholtz. Ineens zwiept de auto dwars en slaat aan de buitenkant in de afzetting. Een forse. Sainz stapt ongedeerd uit. Later vertelt hij wat er gebeurde: 'Ik zat ongeveer twintig centimeter naast de apex, daar lag waarschijnlijk wat stof en toen crashte ik. Dat is alles wat ervoor nodig is op deze baan, maar zo hoort het ook. Ik verdiende het om te crashen.'

In de pauze proberen entertainers het publiek bezig te houden met quizjes, populaire liedjes en handjes in de lucht allemaal. Voor de purist hoeft dat niet zo. Die houdt ook van de stilte rondom het circuit, het geluid van een vrachtwagen die een gecrashte Ferrari terugbrengt in de pits, een ratelende wheel gun of een motor die ergens aanslaat. Maar ja, ik weet het…

Om drie uur begint de kwalificatie. Nu gaat het ergens om. Op de tribunes wordt vooral naar de grote schermen gekeken, om de verrichtingen van Max te volgen. De spanning is voelbaar. Bij elke passage veert iedereen automatisch op, gejuich als de Red Bull voorbij suist. Q1 en Q2 is vooral een kwestie van doorkomen, geen fouten maken. Zoals Pérez, die te laat de baan op wordt gestuurd en blijft steken in Q1, en de Williams-coureurs die te veel uit de auto willen persen en beiden crashen in Q2. In de slotsessie zet Max onmiddellijk een snelle tijd neer. Als eerste duikt hij onder de een minuut negen. De rest blijft achter.

Wanneer de auto's voor de laatste run de pits uitkomen, zijn de zenuwen voelbaar. Max is voor de beide Mercedessen de baan opgegaan. Even later komt hij voorlangs en begint aan zijn snelle ronde. Wordt het pole? De Red Bull zwiert hoog door de Hugenholtzbocht, valt de Slotemakerslingers aan, het ziet er geweldig uit, snel. Maar is het dat ook? Een paars balkje op het scherm duidt erop dat hij zijn tijd in de tweede sector verbetert, er klinkt gejuich, het kan haast niet meer misgaan. En nog meer gejuich als Max de kombocht uitgevlogen komt, voorbij de tribune sjeest en inderdaad zijn eigen tijd met achtendertig duizendste verbetert. Bottas komt vlak na hem over de lijn. De Fin komt drie tienden tekort. Het wachten is op Hamilton. De zevenvoudige geeft alles, maar komt even later precies achtendertig duizendste tekort. Hij rijdt exact de tijd die Max in de eerste run reed. Ongelofelijk.

Het scheelt bijna niets. De strijd om de titel gaat echt op het scherpst van de snede. Max op pole. Hamilton naast hem.

Na de kwalificatie zijn er nog races in de w-Serie en de Formule 3. Die kijken we ook, Inez heeft de smaak te pakken. Het wordt frisser op de tribunes, de schaduwen worden langer. Wanneer alle races voorbij zijn, wandelen we naar zee. Uitgehongerd eten we een hamburger in een strandtent en zien de zon in zee zakken. Wat een geweldige dagen zijn dit. Door de schemering fietsen we terug, door het dorp, door de duinen, het is alsof we op vakantie zijn. Dat is het gevoel, het Zandvoortgevoel. Als ik door de straten van Haarlem rijd, merk ik dat ik het liedje van Bacardi-lemon aan het zingen ben. Terug op ons logeeradres bij tante Marion wordt de dag nog eens doorgesproken met Kees en Henk, die ook zijn geweest. 'Hebben jullie die schuiver van Sainz gezien?' 'En Latifi dan, dat was heftig.' 'En morgen?' 'Eitje voor Max.' We zijn moe, verbrand, vol en voldaan. Zo hoort Formule 1 op Zandvoort.

26

Grand Prix van Nederland

Op zondagochtend loopt sportief directeur Jan Lammers te glimmen. Het hele weekend is een eclatant succes. 'En een overwinning voor Max zou de kers op de appelmoes zijn,' lacht hij. Max oogt geconcentreerd en relaxed tegelijk. Hij laat de koninklijke familie de pitbox zien, de auto. Hij voelt geen extra druk, heeft hij gezegd. Als de auto's op weg gaan naar de startgrid, worden de oranje fakkels ontstoken. Zandvoort kolkt en stampt. Zandvoort dampt. Nederland is er klaar voor.

Als de lichten uitgaan en er na zesendertig jaar weer een Grand Prix van Nederland van start gaat, zijn Max en Lewis bijna even goed weg. Max weet wat hem te doen staat en knijpt onmiddellijk naar rechts, zodat het niet in Lewis opkomt om de binnenkant van de Tarzanbocht op te eisen. Het gejuich van de massa klinkt boven de motoren uit. Iedereen komt goed weg, niemand in de grindbak. Max voor Hamilton, Bottas, Gasly en de Ferrari's. Als ze de Hugenholtz in duiken, heeft Max al een paar lengtes voorsprong. De Ferrari's kiezen via de binnenkant van de bocht voor de aanval. Driedubbeldik schieten de auto's achter de koplopers de Hunzerug op. Alonso maakt plaatsen goed, botst bijna met Ocon en Giovinazzi, het gaat allemaal op hoge snelheid en maar net goed. Max. De Arena ontploft als hij het eerst door de Hans Ernstbocht gaat. Mercedes heeft het nakijken. De eerste keer over het rechte eind. Dit is waar iedereen voor gekomen is: Max, gevolgd voor Lewis, Bottas, Gasly, Leclerc, Sainz, Alonso, Ocon, Ricciardo, Giovinazzi, Russell, Stroll, Norris, Tsunoda, Vettel, Kubica, Mazepin en Schumacher. Helemaal achteraan rijden Pérez en Latifi, die uit de pitstraat gestart zijn. In de volgende ronde wordt de sliert langzaam uit elkaar getrokken. Max controleert het tempo.

De simulators bij Mercedes draaien ongetwijfeld op volle toeren. Je hoeft echter geen computerprogramma te zijn om te zien dat ze het niet gaan redden zo, ze moeten iets doen. In de 20e ronde komt Hamilton binnen voor verse banden, stop in 3,6 seconden. De undercut. Red Bull reageert meteen: een ronde later wisselt Max zijn banden. Stop in 2,7 seconden. Niets gaat hem van de zege afhouden vandaag. Bottas is buiten gebleven en heeft de leiding overgenomen. Op zijn nieuwe banden loopt Max snel op hem in. Gaat Bottas proberen Max op te houden? Een staaltje toerwagentactiek van Mercedes? Het lijkt erop. Max laat zich echter niet piepelen. Bij de eerste de beste gelegenheid, uitkomen Arie Luyendykbocht, wacht Max niet eens tot de DRS opengaat en plant zijn Red Bull naast Bottas. De Fin heeft niet eens tijd om zijn plaats te verdedigen. Met de DRS open ontwikkelt Max nog meer snelheid en is Bottas voor de Tarzanbocht al voorbij. Hamilton is weliswaar wat ingelopen, maar het is niet genoeg. Snaarstrak raast de race voort. Geen van beiden kan zich een foutje permitteren. Hebben ze nog iets achter de hand bij Mercedes? In de 39e ronde komt Lewis opnieuw naar binnen voor verse banden. Willen ze de truc die ze eerder in Bahrein en Spanje uithaalden nog eens proberen? Red Bull aarzelt geen moment. De volgende ronde komt ook Max aan de pits voor nieuwe banden. En vóór Hamilton komt hij de baan weer op; alle trucjes en tactische foefjes van Mercedes zijn gedekt. 'We hebben te vroeg gebluft,' klinkt Hamilton gelaten via de radio. Max zit op rozen. Volhouden. Nog tweeëndertig ronden.

Intussen laat Pérez zien dat inhalen echt wel kan op Zandvoort. Vanuit de achterhoede komt hij naar voren gestormd. In de Tarzanbocht steekt hij de een na de ander voorbij. Alleen Norris vecht terug. Als Pérez in de Tarzan buitenom wil, geeft Norris niet af. Hij laat de McLaren bij het uitkomen van de bocht naar de buitenkant lopen, zodat het asfalt voor Pérez ophoudt. Maar ook Pérez houdt vol. Touché. Wielen raken elkaar, Norris stuitert kort omhoog. Het is Hunt en Andretti *all over again*. Het sprongetje kost Norris momentum en in de Gerlachbocht gaat Pérez hem alsnog voorbij.

Max heeft de race klemvast in handen. Zijn engineer meldt het verschil met Lewis: 3,8 seconden. Max reageert: 'Klaagt hij ergens over?' Waarop de engineer: 'Ik denk dat zijn banden op zijn.' Het is bijna een parodie op Lewis' gebruikelijke radioklaagzang wanneer het een keer niet lekker gaat. In de slotronden haalt Mercedes Bottas nog eens binnen voor zachte banden, zodat hij de snelste ronde kan rijden. Maar waarom? De snelste ronde is in handen van Hamilton. Bottas jaagt onmiddellijk op de tijd, tot hij over de radio te horen krijgt dat hij ermee op moet houden. Hij laat het gas los, maar scoort alsnog de snelste ronde. Rebellie van de Fin? Het is al weken een publiek geheim dat hij weggaat bij Mercedes. Nog twee ronden te gaan. Hamilton meldt zich op de radio: 'Ik heb dat extra punt nodig, jongens.' 'Oké Lewis, *box this lap, box...*' Zachte banden. Eén rondje heeft hij nog om dat punt te pakken. Hij heeft gezien hoeveel sneller Red Bull vandaag is en weet dat straks elk punt gaat tellen. Intussen rijdt Max in zijn laatste ronde. Een storm van gejuich hangt al rond het circuit en wanneer hij voor het laatst de Arie Luyendykbocht uitkomt, gaat het dak eraf. Vuurwerk spuit langs het hele rechte stuk de hemel in. Nog meer oranje fakkels worden ontstoken. Hij heeft het geflikt. Winnaar van de Grand Prix van Nederland. De kers op de appelmoes. Zijn thuis-Grand Prix. Voor al zijn fans. 'Dit boek is niet te schrijven,' roept commentator Olav Mol. Lewis pakt de snelste ronde, maar Max pakt de leiding in de strijd om het kampioenschap terug. Het is één groot feest. In zijn uitrijronde meldt Fernando Alonso: 'Verstappen heeft gewonnen zeker? Er hangt hier een oranje mist.' Terwijl Max langs het uitzinnige publiek koerst en zwaait, bedankt hij zijn team: 'Bedankt, jongens. Prima strategie, we waren echt heel scherp vandaag. En lekker tweeënzeventig ronden pushen, daar hou ik van. Super gedaan.' Terug bij de pits voor de interviews en het podium hangt Max een Nederlandse vlag om. Het Wilhelmus wordt nog een keer gezongen. Alles klopt. Alles zindert van nationale trots.

De dagen nadien gonst het in de internationale pers van de superlatieven. Over de baan, de organisatie, de sfeer en vooral de energie van de geweldige fans. Zandvoort zet een nieuwe standaard, stelt het gezaghebbende *auto-*

sport.com. Zo is het. Na afloop van alle ceremonieën gaan de monteurs van Red Bull, het merendeel met de oranje juichcape over de schouders, voor de pits nog eens lekker uit hun plaat. Hossen, springen, champagne. Max danst mee. Het was misschien niet de spannendste, de moeilijkste, het is wel een supergeconcentreerde, volwassen overwinning. Na de controverse in Silverstone, de bittere pech in Hongarije en de sof in Spa drukken Max en Red Bull weer hun stempel op dit seizoen, op de Formule 1. Want hoe mooi en meeslepend dit weekend ook was, bekent Max, zijn focus ligt op de wereldtitel, daar gaat het om.

Stand:

Verstappen	224,5
Hamilton	221,5

27

Motorgerommel

Daags na de race in Zandvoort wordt bekendgemaakt dat Bottas Mercedes verruilt voor Alfa-Romeo. Zou het geknetterd hebben na die snelsterondesoap op Zandvoort? Bij Alfa wordt hij in elk geval de eerste coureur, al gaat hij daar waarschijnlijk geen race meer winnen. De volgende dag komt de overstap van George Russell naar Mercedes ook niet meer als een verrassing. Met Russell in een Mercedes is er volgend jaar nog een coureur die aan de poten onder Lewis' troon kan gaan zagen. 'Ik krijg gelijke kansen,' laat Russell meteen optekenen. Maar Mercedes wil een vete, zoals die er jarenlang tussen Hamilton en Rosberg was, voorkomen. Hoe naïef. Het is beter. De ware talenten in de beste auto's.

Valt er iets van Bottas af, nu zijn lot bezegeld is? Omdat er op Monza op zaterdag opnieuw een sprintrace zal zijn, is de kwalificatie op vrijdag, en Bottas is de snelste van allemaal. Pure snelheid, dat heeft hij wel. Hamilton staat naast hem. Zal Bottas nog opzijgaan? De twee Mercedessen staan vier tiende los van de rest. Dit wordt een Mercedes-weekend. Hoewel, het rommelt in Monza inzake motoren. Mercedes en Red Bull zitten door de verhitte strijd aan de limiet met het gebruik van hun motoren. Volgens het reglement mogen er elk seizoen nog maar drie motoren worden gebruikt. Wie een vierde nodig heeft, krijgt een gridstraf. Hoe meer onderdelen je vervangt, hoe groter de gridstraf. Vervang je het hele gevaarte, dan begin je de volgende Grand Prix achteraan. Bij Red Bull is het vrij zeker dat Max dit seizoen een vierde motor nodig heeft, omdat de motor die werd ingezet op Silverstone na de crash niet meer bruikbaar bleek. Mercedes doet, zoals wel vaker, wat schimmig. Ook Lewis komt met drie motoren waarschijnlijk niet uit, omdat de motor uit Zandvoort afgeschreven lijkt. Maar tegenover journalisten suggereert Toto Wolff dat een wissel misschien toch niet nodig is. Gaat Lewis de rest van het seizoen op halve kracht rijden dan? Net als met de banden is dit wel een beetje jammer. Omdat het gebruik van motoren beperkt is, rijden de teams ook wat dit betreft met de rem erop. Hoeveel mooier zou het zijn wanneer alles gewoon voluit kon gaan. Dat is toch het wezen van de Formule 1. Altijd geweest. De Formule 1 zou echter qua snelheid, maar vooral qua financiën niet meer te handhaven zijn.

De mogelijke motorwissels leiden meteen tot allerlei speculaties. Wie gaat op welk circuit voor een nieuwe krachtbron en welk effect zal dit hebben op de titelstrijd? Op vrijdagavond maakt Mercedes echter bekend dat niet Lewis maar Bottas zijn complete motor zal laten vervangen. De sprintrace op zaterdagmiddag mag hij gewoon vooraan beginnen, maar ongeacht de uitslag van de sprint start hij de Grand Prix op zondag helemaal achteraan.

De sprint op Monza gaat over achttien ronden. Achttien ronden volle bak jakkeren. Twee races op mijn favoriete circuit, niks mis mee. Ik geniet er alleen al van hoe het veld zich opstelt voor de start, op dat plein van asfalt voor de pits. Het is er zo breed omdat in de oertijd de oude kombaan, die nog altijd in het park verborgen ligt, en het gedeelte van de baan dat nog altijd in gebruik is hier samenkwamen. Het eerbiedwaardige Monza bestaat al bijna honderd jaar. Wanneer de lichten uitgaan, komt Bottas goed weg. In tegenstelling tot zijn teamgenoot. Voor de zoveelste maal dit seizoen laat Hamilton een belangrijke steek vallen. Zijn auto komt maar langzaam op gang, Max is al langszij, er voorbij zelfs, als Lewis naar rechts schuift om zich Norris van het lijf te houden, maar de McLaren-coureur is tussen de Mercedes en de pitmuur geglipt, neemt een richeltje gras mee en draait naast Lewis de chicane in. In de eerste chicane, een rechts-links zwanenhals met bar weinig plaats, is het elk jaar dringen geblazen: bijna-botsinkjes, touchés, auto's die naast de baan gaan. Bottas komt ongeschonden als eerste uit het potje pieren tevoorschijn, gevolgd door Max en Ricciardo. De Australiër is eenvoudig in het spoor van Max langs Lewis meegegaan. Lewis manoeuvreert nu uiterst voorzichtig, een uitvalbeurt betekent dat ook de race van morgen naar de maan is. Norris kruipt voor. Ook Gasly in het spoor van Ricciardo ruikt zijn kans en probeert mee te glippen. In al zijn ijver botst hij echter tegen het achterwiel van Ricciardo aan. Ricciardo heeft alle geluk dat zijn band niet lek geprikt wordt, Gasly's voorvleugel zwikt en breekt. Het ding sleept over het asfalt, vonken slaan onder de neus vandaan. Als hij de Curva Grande binnenrijdt, floept de vleugel onder de vooras en stuurloos schuift de AlphaTauri door de brede grindbak tegen de afzetting.

Safetycar. Als alle stof opgetrokken is, rijdt Bottas vooraan, gevolgd door Max, Ricciardo, Norris en Hamilton. De twee McLarens, anders dan alle anderen gestart op de zachte banden (de keuze is vrij in de sprint), doen het goed op Monza. Lewis komt er niet voorbij. Hij neemt geen grote risico's, dat blijft het nadeel van de sprintrace: pas morgen worden de echte punten verdeeld. Er wordt sowieso maar weinig ingehaald deze sprint. Alonso passeert Vettel en Pérez Stroll. Vinden jongeren dit dan nog wel leuk?

Bottas wint eenvoudig, Max finisht achter hem in de wetenschap dat hij morgen vooraan mag beginnen, omdat Bottas een grid penalty krijgt. Als derde komt Ricciardo over de meet. Ook hij is tevreden: 'Prima, dat is de eerste startrij morgen...' Hamilton zal de Grand Prix vanaf plek vier moeten beginnen en Bottas achteraan. Het leek een Mercedes-weekend te worden, maar door de motorwissel en die verprutste start is het nu vooral een kwestie van de schade beperkt zien te houden.

Stand:
Verstappen 226,5
Hamilton 221,5

28

Grand Prix van Italië

Op zondag heeft Max een prima uitgangspositie. Hij staat vooraan en Lewis volgt pas achter de twee McLarens, die hij gisteren maar niet voorbijkwam. Bij de start komt Max goed weg, maar Ricciardo net iets beter. De Aussie pakt zelfs de leiding en duikt als eerste de chicane in, gevolgd door Max, terwijl achter hem Norris en Lewis zich zij aan zij door de vernauwing dringen. Hamilton kan de meeste snelheid meenemen en schiet voor Norris de chicane uit. En meteen zet hij de aanval in op Max. In de Curva Grande komt hij op gelijke hoogte. Vol gas vliegen de titelkandidaten op de Roggia-chicane af. Hamilton zit aan de buitenkant, naast Max, maar Max is niet van zins veel ruimte te laten. Remmen. Max volgt de racelijn en knijpt in het tweede deel de binnenkant dicht. De voorwielen van de auto's raken elkaar licht, Lewis moet uitwijken en stuitert over de kerbs. Het is precies dezelfde situatie als in Imola. Als de Mercedes de baan weer op hobbelt, is Norris hem voorbij. Nu zal Lewis eerst weer Norris voorbij moeten. Maar bij iedere nieuwe poging van Hamilton prikt Norris zijn papajakleurige McLaren weer voor de Mercedes. Lewis komt er niet voorbij. De McLarens zijn snel vandaag. Ook vooraan houdt Ricciardo stand. Mogelijk wacht Max op de pitstops. Bovendien: geen risico, want zijn echte concurrent rijdt achter hem en verliest terrein.

Ricciardo is de eerste die stopt voor nieuwe banden. Red Bull roept meteen ook Max binnen. Als zijn in-lap sneller is dan de out-lap van Ricciardo, kan hij ervoor komen. Maar het gaat mis bij de pitstop van Max. Rechtsvoor wil het wiel niet soepel vast. Waar Red Bull normaal in twee seconden klaar is, staat Max nu meer dan elf seconden stil. Via de radio krijgt Lewis dit meteen te horen; dit is zijn kans. Met een stevige move wurmt hij zich in de Roggia langs Norris. Een ronde later komt hij naar de pits. Ook Max wordt via de radio aangemoedigd: 'Je racet nu tegen Hamilton.' Als Lewis na een stop van vier seconden de pits uit komt, denderen Norris en Max over het rechte eind. Norris is Hamilton duidelijk voorbij, maar Max komt bijna op gelijke hoogte aan bij de chicane. Lewis dwingt Max naar links, zodat Max helemaal aan de buitenkant van de eerste bocht zit. Zij aan zij draaien ze de bocht in, maar Lewis pikt in de volgende bocht de binnenkant, zodat deze keer het asfalt voor Max ophoudt. Eén moment kan Max de *escape road* kiezen, over de kerbs, maar hij peinst er niet over en houdt vol. Net als Hamilton. De auto's raken elkaar, Max stuitert op de hoge oranje kerbstone en raakt dan met zijn rechterachterwiel het linkerachterwiel van Lewis. De Red Bull vliegt de lucht in en landt met de achterkant boven op de Mercedes. De bodemplaat van de Red Bull versplintert op de halo – goddank is er de halo, anders was Lewis misschien wel onthoofd... Beide auto's schuiven van de baan af, het grind in. De Red Bull, schuin van de Mercedes afhangend, graaft zich met de neus in de stenen. Dan staan ze stil. Beide coureurs zijn duidelijk ongedeerd. Lewis zal later klagen over pijn in zijn nek, hij heeft bij de crash door de opening van de halo een klap van het achterwiel op zijn helm gekregen. Max klimt als eerste uit de auto en wandelt onmiddellijk weg. Lewis heeft de achteruit gezocht en geeft gas om te zien of hij nog onder de Red Bull vandaan kan komen. Tevergeefs. Dan klimt ook hij uit de auto. De titelstrijd heeft een nieuw kookpunt bereikt. Monza staat op z'n kop. Safetycar.

Al boven op de Mercedes heeft Max zijn team gemeld: 'Ja, dat krijg je ervan als je geen ruimte geeft.' Na afloop blijft hij daarbij, Lewis gaf hem te weinig ruimte. 'Daardoor gaan we er allebei af. Je wilt nooit crashen, je wilt mooi racen. Maar je hebt twee man nodig om door die bocht te komen. Als er een niet wil meewerken, dan houdt het op.' Hamilton is vanzelfsprekend een andere mening toegedaan. 'Max wist dat hij het zo niet ging redden. Het was eenzelfde situatie als in de eerste ronde. Toen zat ik in zijn positie en gaf ik ruimte. Dat is racen. Hij wilde gewoon niet wijken, maar hij wist wat er ging gebeuren als hij die bocht in stuurde. Hij deed het toch. Ik weet niet wat ik daar nog aan moet toevoegen. De stewards zullen zich wel uitspreken.'

Intussen gaat de race voort. Tijdens de safetycarfase worden de laatste pitstops gemaakt. Wanneer na vier ronden de meute weer wordt losgelaten, is de volgorde vooraan: Ricciardo, Leclerc, Norris, Pérez en Sainz. Norris passeert Leclerc binnendoor in de Curva Grande. De rechterwielen over het gras, zand en stof waaien op. McLaren één en twee. Aan de hand van ex-Porsche-manager Andreas Seidl is McLaren hard op weg weer een topteam te worden. Vooraan rijdt Ricciardo snaarstrak op de zege af. Vrijdag na de kwalificatie, vertelt hij later, heeft hij zich vreselijk boos gemaakt, omdat hij zes duizendste tekortkwam op zijn teamgenoot. Met de energie die daardoor vrijkwam, is hij de sprintrace ingegaan en ook deze Grand Prix. Een furie, die hij herkent uit 2014, toen hij zijn eerste races won. Hij heeft het nog in zich. Op het podium, geflankeerd door Norris en Bottas, die zich sterk naar voren gevochten heeft, doet Ricciardo weer zijn befaamde *shoey*: uit een van zijn schoenen drinkt hij champagne en biedt het zijn podiumgenoten ook aan. Volgens Nico Rosberg, die er ooit van mocht proeven, smaakt het lauwwarm en bijzonder smerig.

Achter het podium en de pits moeten Max en Lewis zich melden bij de stewards. Zij zijn van mening dat Max voor het grootste deel blaam treft. Hamilton had een iets ruimere lijn kunnen kiezen, maar de stewards achten zijn positie redelijk. Max was te laat met zijn aanval om de ruimte die hij wilde op te kunnen eisen. Voor de volgende Grand Prix, in Rusland, krijgt Max een gridstraf van drie plaatsen.

Stand:
Verstappen 226,5
Hamilton 221,5

29
Druk

In Nederland wordt boos gereageerd op het oordeel van de stewards in Monza. Drie plaatsen terug op de grid in Rusland, dat heeft toch veel meer impact dan die magere tien seconden straf die Hamilton kreeg toen hij Max van de baan tikte in Silverstone? Michael Masi legt het uit: omdat Lewis in Silverstone verder kon, kwam er een tijdstraf. Als Max in Monza door had kunnen rijden, had hij ook een tijdstraf gekregen. Nu beide coureurs uit de race waren, paste alleen nog een gridstraf. Zo is het volgens Masi ook met de teams afgesproken. Loopt de strijd om de titel uit de hand? Masi vindt van niet: 'Het ligt er denk ik aan aan wie je dit vraagt.'

In de aanloop naar de Grand Prix van Rusland wordt de druk op Max opgevoerd. De gezaghebbende Engelse pers verkondigt dat Max bezig is zijn eigen ruiten in te gooien in de titelstrijd. Lewis wordt gevraagd naar zijn visie. 'Ik verwacht van geen enkele coureur dat hij terugdeinst. Zo race ik zelf ook. Maar uiteindelijk moet je wel verstandig zijn en inzien dat je soms een bocht niet haalt. Ik weet wat het is wanneer je voor de eerste keer om de wereldtitel vecht. Je bent gretig en je maakt een heleboel door in zo'n fase. Max gaat dat nooit toegeven, en ik ga ook niks veronderstellen, ik zeg alleen dat ik nog weet hoe ik me voelde die eerste keer en dat de spanning behoorlijk opliep. Ik heb het toen ook niet allemaal goed aangepakt, dat is logisch. Er is zoveel druk. Maar daar leer je van.' Het hoort erbij. Mind games. Psychologische oorlogsvoering via de media. Max kan er slechts om lachen: 'O ja, ik ben zo nerveus, ik slaap er niet van. Het is verschrikkelijk zo'n titelstrijd, ik haat het!' Over de opmerkingen van Lewis zegt hij: 'Het laat zien dat hij me helemaal niet kent. Ik hem ook niet. Prima. Ik focus alleen op mezelf. Ik ben relaxed. Het is gewoon heerlijk om elk weekend een auto te hebben waarmee je voor de zege kunt gaan.'

Beide teambazen roeren zich ook weer. Zij stappen intussen vaker in de schijnwerpers dan hun coureurs. Volgens Horner was de clash in Monza een *racing incident*: een botsing waarbij geen schuldige aangewezen hoefde te worden. Het was ook niet gebeurd als de FIA de regels voor de pitstops niet veranderd had. De FIA heeft een deel van de automatisering in de pitstops verboden. De auto's moeten minimaal twee seconden stilstaan. Onnodige regels, aldus Horner, alleen om Red Bull dwars te zitten. En juist daardoor ging het fout in Monza, verloor Max veel tijd en kwam hij Lewis tegen. Toto Wolff noemt de botsing een 'professionele overtreding' van Max. Max wist dat Lewis er anders met de zege vandoor zou gaan. Impliciet een flinke beschuldiging. Fernando Alonso ziet het anders: 'Max en Lewis deden in Monza wat ze moesten doen. Ze vechten immers om de titel.' Het zag er allemaal eng uit, aldus de Spanjaard, omdat Max op de hoge kerb stuiterde en daarna de achterwielen elkaar raakten. De snelheid was laag, dus er was weinig aan de hand. Silverstone was veel erger.

Voor de kwalificatie begint, maakt Red Bull bekend dat Max zijn vierde motor van het seizoen achter in de auto laat schroeven. Grid penalty, achteraan beginnen. Er is over nagedacht. Max moet toch al drie plaatsen terug en in Sochi zijn er genoeg mogelijkheden om in te halen, dus alle kans voor Max om zich terug naar voren te knokken en de schade te beperken. Hamilton maant zijn team: hier moeten ze zo veel mogelijk voordeel uit halen.

Het regent. De derde vrije training is al afgelast. Tijdens de kwalificatie is het droog, maar de baan is nog nat. Max neemt geen risico en rijdt geen enkele snelle ronde, hij moet toch achteraan beginnen. Helemaal vooraan wordt het echter spannend. Omdat de baan stilaan opdroogt, kan er in Q3 mogelijk met droogweerbanden gereden worden. Na de eerste rondjes in het beslissende deel van de kwalificatie lijkt zich inderdaad een droge racelijn af te tekenen. Wie waagt het erop? Mr. Saturday. Net als in Spa is George Russell al blij dat hij Q3 gehaald heeft, hij heeft dus weinig te verliezen. Met nog zes minuten te gaan rijdt hij op slicks de pits uit. Al bij de uitgang glijdt hij bijna weg. Het wordt op eieren rijden. Op natte gedeelten hebben de slicks geen enkele grip. Iedereen kijkt naar de tussentijden. Er moet vooral een beetje temperatuur in de banden komen, dan komt er ook grip. Blijkbaar gaat het goed, want Norris volgt al snel het voorbeeld. En Sainz en Ricciardo. En nog meer coureurs, onder wie ook Hamilton. Maar als Lewis de pits in rijdt om de slicks te halen, glijdt hij in de nauwe ingang van de pitstraat tegen de muur. Niet hard, maar precies hard genoeg om de voorvleugel te breken. Terwijl de banden worden gewisseld, moet er snel ook een nieuwe neus worden gepakt en gemonteerd. Het kost allemaal tijd. 'Nee,' houdt Hamilton achteraf vol, 'het kwam niet door de druk. Ik wilde snel die slicks hebben, en maakte een foutje. Zoiets gebeurt wel eens.' Natuurlijk is het de druk. Hamilton maakt zulke fouten normaliter niet. Hij moet maximaal profiteren van het feit dat Max er niet bij is, dus vooraan staan. De uitglijder doet sterk denken aan de miskleun in China in 2007, het jaar inderdaad dat Lewis voor het eerst om de titel streed. Bij de ingang van de pitstraat reed hij te snel en gleed de grindbak in: race over. China was toen de een-na-laatste race van het seizoen en die fout kostte Lewis destijds het kampioenschap. Déze kleine fout kost hem in elk geval tijd, waardoor hij geen kans meer heeft om zijn banden goed op te warmen. In een wanhopige laatste ronde spint hij naast de baan en blijft steken op de vierde plek. Vooraan staan *the new boys*: Norris, Sainz en Russell. Ze zijn twee seconden sneller dan de rest. Voor Norris is het zijn eerste poleposition. Opnieuw McLaren vooraan.

30

Grand Prix van Rusland

Niet alleen Max start in Rusland achteraan, ook Leclerc wisselt naar zijn vierde motor. Tot ieders verrassing neemt ook Bottas een grid penalty, omdat hij onderdelen van de motor wisselt: tien plaatsen terug. Mercedes zegt dat het mysterieus rommelt in de Mercedes-krachtbronnen. Max-fans vrezen dat het een truc is om Max te kunnen blokken tijdens de race. Opnieuw toerwagentactiek?

Vooraan speert de nieuwe generatie er bij de start vandoor. Norris is goed weg, maar Sainz pakt in de lange sprint naar bocht 2 zijn slipstream en steekt de McLaren voorbij. Sainz aan de leiding, voor Norris, Russell, Ricciardo en Stroll. Hamilton is voorzichtig gestart en volgt pas als zevende, achter Alonso. In de volgende ronde gaat Lewis zijn oude vriend voorbij. Een paar ronden later maakt Max gehakt van Bottas – van ophouden is geen moment sprake geweest. Gedegen werkt Max zich door het veld, al komt het met de onderling duellerende Leclerc en Vettel bijna tot een botsing – het blijft oppassen geblazen, een ongeluk zit in een klein hoekje. Vooraan wisselt de leiding. Norris passeert, met hulp van DRS, vrij eenvoudig zijn tegenstander. McLaren is sneller dan Ferrari. Halverwege de race beginnen de pitstops. Als Hamilton van zijn stop wegrijdt, komt Max net binnen.

Lewis schuift stilaan naar voren. Stroll wordt opgerold, Russell is allang teruggevallen. Sainz wordt gepasseerd in ronde 30 en langzaam maar zeker komt Norris binnen handbereik. Zelfs Toto Wolff meldt zich op de radio: 'Lewis, je kunt deze race winnen.' Lewis kan iedere race winnen. Maar net als in Monza lijkt de McLaren moeilijk te passeren. In de turbulentie achter de McLaren verliest de Mercedes te veel downforce. Hamilton wacht af. Ook de opmars van Max lijkt tot staan gekomen, achter Alonso, op plaats zeven. Snelle rekenaars becijferen al wat dit betekent voor de stand in het kampioenschap. Maar dan begint het te spetten.

Met nog negen ronden te gaan krijgen de coureurs de eerste meldingen van de teams: er komt regen aan, het eerst in bocht 5, vlak bij zee. Norris, nog altijd fier aan de leiding, bevestigt: 'Ja, er vallen wat spatjes.' Zenuwachtig beginnen de teams op de radar te kijken, maar de regen komt van zee aangewaaid, er is geen peil op te trekken. Met nog zeven ronden te gaan meldt McLaren aan Norris: 'We denken dat de intensiteit zo blijft.' Een ronde later meldt Mercedes aan Hamilton: 'Het wordt erger. We staan klaar in de pits met inters, als je ze nodig hebt.' Even later wordt Lewis zelfs naar binnen gesommeerd: '*Box for inters, box box…*' Maar Hamilton rijdt door. Net als Norris. Begrijpelijk. Ze rijden aan de leiding met nog maar een paar ronden te gaan; de overwinning ligt voor het grijpen. En hoe. Zo won Senna races: door vol te houden op slicks in de regen, glibberend, toverend – het kan. 'Hoeveel ronden nog?' vraagt Norris aan zijn engineer. Nog vijf. Links en rechts glijden inmiddels auto's van de baan of gaan achterstevoren. Gasly. Stroll. Mercedes aan Lewis: 'Het is *crossover time*.' De inters zijn nu sneller dan de slicks. Norris krijgt te horen dat het erg glad is tussen bocht 5 en 10 en dat er overal auto's af gaan. '*Yeah! Shut up!*' blaft hij terug. Hypergeconcentreerd probeert hij de McLaren door de toenemende spray over het gladde wegdek te sturen; hij is er bijna, zijn eerste Grand Prix-zege. Mercedes argumenteert: 'Max is naar intermediates gegaan. Wij kunnen stoppen zonder een plek te verliezen. Dus, *box, box*...' McLaren vraagt: 'Lando, wat denk je van inters?' Vanuit de cockpit klinkt een hartgrondig '*no!*'. Norris rijdt door, Lewis duikt naar binnen. Hij heeft al negenennegentig Grands Prix gewonnen, voor hem telt het kampioenschap, de punten. Hij wordt nog even subtiel gewaarschuwd voor gladheid in de pitstraat. Nog vier ronden te gaan. McLaren meldt dat Hamilton inters heeft gehaald. 'Ik zag het,' roept Norris. 'Wij moeten nu volhouden en buiten blijven.' Hij heeft meer dan twintig seconden voorsprong, is het genoeg? Norris heeft steeds meer moeite de auto in het juiste spoor te houden, glijdt soms naast de baan en moet regelmatig helemaal van het gas. Achter hem wordt Lewis moed ingesproken: 'Als Norris buiten blijft, krijgt hij problemen. Hij wordt nu ingehaald door Mazepin op inters.' Met nog drie ronden te gaan valt er ineens een flinke bui, de spray is immens, er is nog nauwelijks zicht. Norris gaat kort naast de baan in bocht 4 en glijdt er in 5 kansloos af. De slicks hebben totaal geen vat meer op het wegdek. Norris weet hoe laat het is. 'Het is kletsnat jongens. Ik moet de pits in, anders crash ik.' En terwijl hij worstelt om zijn McLaren uit de afzetting te houden, rijdt Hamilton voorbij.

Hulpeloos zwabberend kruipt Norris naar de pits. Hij valt terug tot plaats zeven. Gegokt. Verloren. Lewis Hamilton rijdt op zijn honderdste overwinning af. Een mooie. 'We hebben er hard voor gewerkt,' zegt hij via de boordradio zodra hij is gefinisht. Terug in de pits, onder het podium, wacht hem echter een minder aangename verrassing. Als Lewis uit de cockpit klimt, ziet hij hoe Max zijn Red Bull naast de Mercedes parkeert, op plek twee. De lichaamstaal van Lewis verraadt zijn verbazing en teleurstelling: hoe is het mogelijk, ze hebben dus nauwelijks geprofiteerd van Red Bulls motorperikelen. In de regen, ver achter alle dramatiek om de zege, is Max precies op het juiste moment naar de intermediates gegaan. Gecoacht door zijn immer kalme engineer Gianpiero Lambiase – 'Concentreer jij je op het rijden. *Keep it on the black stuff...*' – heeft hij vele plaatsen goedgemaakt, op tegenstanders die te laat waren met hun pitstop. Lewis neemt de leiding weer over in de stand om het kampioenschap. Maar de motorwissel bij Red Bull is gedaan zonder al te veel schade. Deze tweede plaats voelt als een overwinning.

Stand:

Hamilton	246,5
Verstappen	244,5

31
Simulatie

Omdat Japan wegens corona opnieuw van de Formule 1-kalender valt, mag Turkije weer inschuiven. Een circuit vol fraaie hoogteverschillen en de beruchte bocht 8 met zijn driedubbele apex. Vorig jaar had de overijverige organisatie het hele circuit pal voor de terugkeer van de Grand Prix opnieuw laten asfalteren, waardoor het wegdek spekglad was. Toen het ook nog ging regenen, werd de race een krankzinnige, maar uiterst vermakelijke ijsdans, vol glijpartijen en pirouettes. Dit jaar zal het anders zijn. Het wegdek zweet geen olie meer uit de poriën en het is met waterstralen opgeruwd.

Op donderdag verrast Red Bull met een speciale livery op de auto. Om Honda dank en vaarwel te zeggen was voor de Grand Prix van Japan een speciale witte kleurstelling bedacht – Honda Championship White – inclusief rode stip, de livery waarmee Honda in de jaren zestig van de vorige eeuw voor het eerst in de Formule 1 racete. Omdat de race in Japan is afgelast, wordt de afscheidsgeste in Turkije gedaan. De geschiedenis van Honda is er een van komen en gaan. Steeds opnieuw stapte Honda, als constructeur of als motorleverancier, in de Formule 1, en even zo vaak trokken ze zich na een paar jaar weer terug. Grote successen waren er in de jaren tachtig als motorleverancier bij topteams Williams en McLaren. En nu dan, met Red Bull. Toch gaat ook nu de stekker uit het Formule 1-project. De Honda race-ingenieurs treuren, maar de directie in Japan beslist. Om niet opnieuw afhankelijk te zijn van een motorfabrikant, heeft Red Bull het heft in eigen hand genomen. Red Bull gaat zelf een Formule 1-motor bouwen, of beter: runnen. Red Bull neemt het hele motorproject van Honda over. Bij de fabriek wordt een speciale motorafdeling uit de grond gestampt en overal worden nu mensen bij de concurrentie weggelokt. Ook ingenieurs van Honda komen over en Honda heeft voor het eerste jaar al alle hulp toegezegd. Zouden ze spijt hebben, nu de titel lonkt? Vanaf 2022 wordt de ontwikkeling van alle Formule 1-motoren bevroren. Dat heeft Red Bull bedongen. Hogere politiek. Want alleen zo kunnen ze de strijd met Mercedes, Ferrari en Renault aan. Vanaf 2026 komt er een nieuw motorreglement. Daarover wordt in 2021 voortdurend vergaderd. De motoren moeten simpeler, goedkoper en meer lawaai maken. Gaat Red Bull zelf zo'n motor ontwikkelen en bouwen, of schiet er tegen die tijd een nieuwe fabrikant te hulp? Porsche volgt de ontwikkelingen op de voet. Wordt vervolgd.

Meer nieuws van het motorfront: nog voor er een meter gereden is in Turkije, maakt Mercedes bekend dat Lewis Hamilton een vierde motor neemt. Omdat hij alleen de verbrandingsmotor zelf wisselt (en dus niet de turbo en de energieregeneratiesystemen), moet hij tien plaatsen terug op de grid. Mercedes heeft alle komende races – zeven stuks – in de fabriek gesimuleerd en geconcludeerd dat Turkije zich het best leent voor een motorwissel.

Simulatie is een steeds belangrijker hulpmiddel in de Formule 1. Er zijn in wezen twee soorten simulatie. Ten eerste zijn er de racestrategen die hele races simuleren. Zij voeren allerlei gegevens in een simulatieprogramma in en bekijken hoe de race zich dan ontwikkelt. Zo kunnen zij een race 'plannen'. Ze kijken dan niet alleen naar hun eigen auto's, maar voeren ook de gegevens van alle tegenstanders in. Ze kunnen al die gegevens natuurlijk laten variëren en werken zelfs met random input. Miljoenen simulaties vliegen zo door de computers. Na al die miljoenen simulaties, keer zeven, bleek Turkije dus de beste plek om een motor te wisselen. De tweede vorm van simulatie is echt het nabootsen van het rijden met een virtuele auto, als in een racegame. Omdat het fysieke testen op de circuits de laatste jaren zeer beperkt is (kostenbesparing), zijn de simulators steeds belangrijker en geavanceerder geworden. Een coureur zit in de cockpit (zelfs de halo zit erop om het zo echt mogelijk te maken) en ziet op verschillende videoschermen om zich heen het circuit. Zelfs de hobbels op de baan zitten in de software. Bijna dagelijks worden er ruim honderd ronden gereden, twee Grand Prix-afstanden. Via vierduizend kanalen wordt er wekelijks zo'n honderd gigabyte aan informatie verzameld, die daarna nog moet worden uitgevlooid. In deze simulators worden de Grand Prix-weekends optimaal voorbereid. De set-up wordt uitgedokterd en nieuwe onderdelen kunnen worden getest. Ook hier kunnen allerlei variabelen, zoals het weer, worden ingezet. De laatste jaren wordt de simulator zelfs tijdens raceweekends gebruikt: als het op het circuit nog niet lekker loopt, wordt in de fabriek verder gezocht naar oplossingen. Alle teams hebben intussen een paar goede simulatiecoureurs in huis. Maar ook de racers zelf stappen steeds vaker in de simulator – denk aan Lewis tijdens het weekend op Silverstone. Simulatie is natuurlijk een hulpmiddel. Uiteindelijk moet het op het harde asfalt gebeuren, in de echte, natte regen, met echte grindbakken. Zonder resetknop.

Nu Lewis zijn motor wisselt, is het aan Max om er in de witte Red Bull-Honda het maximale uit te halen. Op vrijdag valt dat vies tegen. Het is opnieuw het asfalt dat alle teams verrast: het is veel ruwer dan verwacht, er is nu juist veel meer grip. De afstellingen moeten worden bijgewerkt. Mercedes domineert, Max volgt op zes tienden. Werk aan de winkel. In de simulator in de fabriek gaan de lichten al aan voor een stevige nightshift. De derde vrije training op zaterdag valt in het water: het regent flink en overal glijden auto's naast de baan. Vooral bocht 1 – een zwierige duik linksaf, waarbij de auto liefst rechtdoor het gras op glijdt – en de chicane na bocht 8 zijn listig. Voor de kwalificatie droogt de baan weer op, maar nog niet helemaal. En nog meer regen dreigt, er vallen wat spetjes. Tricky omstandigheden. Mick Schumacher is de held: voor het eerst gaat hij in de totaal ondermaatse Haas door naar Q2. Vooraan schittert Mercedes. Hamilton is de snelste, voor Bottas. Max volgt op zes tiende – een eeuwigheid in de Formule 1. De gezichten staan bedrukt rond de Champions-witte wagen. De enige geruststelling is dat Lewis morgen op de grid tien plaatsen achteruit zal moeten.

32
Grand Prix van Turkije

Net als vorig jaar is het op zondag nat in Istanbul. Maar anders nat. Niet zo dramatisch. De regen komt niet met bakken, maar sluipenderwijs, als een lichte sluier. De baan is daardoor wel kletsnat. Iedereen start op intermediates. Bottas, vooraan, komt goed weg en duikt comfortabel als eerste omlaag bocht 1 in. Achter hem volgen Max en Leclerc. Daarachter vechten Pérez, Gasly en Alonso om plek vier. Driedubbel door die bocht gaat net wel, of toch net niet: Gasly, klem tussen de anderen, tikt Alonso aan, die ogenblikkelijk met een fraaie pirouette naast de baan verdwijnt. Gasly krijgt er een tijdstraf voor. Waarom toch? We zouden ze laten racen en speciaal in de eerste ronde coulant zijn, omdat er met zoveel auto's bij elkaar van alles kan gebeuren. Hamilton, in de mêlee, kijkt goed uit. Ocon glipt langs, maar nog in de eerste ronde gaat Lewis hem weer voorbij. Ook Vettel zet hij opzij. De volgende is Tsunoda. De Japanner geeft zich echter niet zomaar gewonnen. Steeds wanneer Hamilton na het lange volgasstuk op weg naar bocht 12 zijn Mercedes naast de AlphaTauri plant, geeft Yuki geen krimp en pareert keer op keer brutaal de aanval. Dit kost tijd. Pas na acht ronden lukt het Lewis Tsunoda voorbij te gaan met een gewaagde manoeuvre buitenom in bocht 3. 'Ik deed het voor Honda,' verklaart Yuki later. De volgende ronden gaat Lewis ook Stroll, Norris en Gasly voorbij. Maar het verschil met de leiders bedraagt al meer dan vijftien seconden en voor hem rijdt nu Pérez. Checo weet wat hem te doen staat.

Vooraan blijft Bottas onbedreigd aan kop. Max kan volgen, maar meer niet. Opvallend, want het hele seizoen al rijdt hij Bottas min of meer fluitend voorbij. Mercedes is dus sneller vandaag. Zodra Lewis het gat met Pérez heeft dichtgereden, zet hij de aanval in bij bocht 12. Maar net als Tsunoda vecht Pérez stevig terug, remt net wat later en laat de witte Red Bull steeds aan de binnenkant staan. Dubbeldik draaien ze door de slingers voor start-finish, naast elkaar komen ze langs de pits. Hamilton ligt een neuslengte voor, maar moet zich aan de buitenkant in bocht 1 weer gewonnen geven. Ook dit kost tijd. Veel tijd. De pitstops naderen. Is het droog genoeg inmiddels? Geenszins. Max wisselt als eerste naar een nieuw setje intermediates. Bottas volgt meteen in de volgende ronde. Vettel neemt de gok: hij laat droogweerbanden monteren. Het is een misser: zwemmend en zwabberend komt hij na een ronde alweer terug naar de pits voor intermediates.

Inmiddels heeft Charles Leclerc de leiding overgenomen, hij is nog niet gestopt voor nieuwe banden. Hij rijdt zeven seconden voor Bottas, Max volgt daar weer vijf seconden achter. Omdat ook Pérez naar de pits komt, schuift Hamilton op naar plaats vier, vier seconden achter Max. Nog twintig ronden te gaan. 'Kan ik op dit setje de race uitrijden?' vraagt Leclerc via de boordradio. Volgens zijn engineer moet het kunnen. Bij Mercedes zijn ze niet zo zeker. Nieuwe inters worden gepakt, Lewis wordt gesommeerd om binnen te komen: '*Box, Lewis, box…*' De monteurs staan klaar in de pitstraat. 'Waarom?' klinkt het vanuit de cockpit. Lewis rijdt door. Negeert de oproep. Nieuwe inters is de beste optie, vertelt zijn engineer hem. 'Ik denk het niet, man,' antwoordt Lewis. Nog zestien ronden te gaan. Het is een lastige keuze. Wanneer je nieuwe intermediates monteert, moet je ze eerst heel voorzichtig inrijden. Het zachte, koude rubber scheurt en bobbelt door de grip: *graining* heet dat. Het is te zien aan de tijden van Bottas en Max: het duurt even voor de banden een goede temperatuur hebben en ze echt weer op snelheid komen. Hamilton wil met het oog op het kampioenschap zijn vierde plek vlak achter Max niet opgeven. En hij weet dat als hij nu alsnog wisselt, hij de eerste ronden langzamer zal zijn dan de rest.

De simulators bij Mercedes staan ongetwijfeld roodgloeiend. Want stel dat de baan toch iets verder opdroogt, en slicks plots de beste keuze zijn? Dan kan Lewis de race alsnog winnen! Maar wat als de oude banden het zo lang niet uithouden en hij een klapband krijgt? Een uitvalbeurt is funest voor het kampioenschap. Bottas is intussen bij Leclerc en gaat hem eenvoudig voorbij. Op de oude, versleten intermediates is de Ferrari-coureur een zittende eend. Hij duikt dan ook meteen de pits in. Nog tien ronden te gaan. De Mercedes-strategen kijken steeds nerveuzer naar de tussentijden. Nieuwe inters zijn beter. Want de rekenprogramma's wijzen uit dat Lewis gepasseerd gaat worden door Pérez, en ook door Leclerc, zodra deze zijn banden goed aan het werk krijgt. Zelfs Gasly, op nieuwe inters, ligt op de loer. Hamilton krijgt opnieuw het bevel om binnen te komen. Het is de laatste kans om in elk geval Gasly voor te blijven, legt zijn engineer uit.

Lewis komt binnen. Op zijn intermediates zit nauwelijks nog rubber, het canvas binnenin schijnt erdoorheen. Het is de vraag of hij op deze band de race had uitgereden. Pérez en Leclerc zijn hem voorbijgegaan. Nog zeven ronden te gaan. Boos zit Lewis achter het stuur en vraagt op welke plek hij nu rijdt. De vijfde. 'We hadden niet moeten stoppen! Ik heb ontzettend last van graining. Ik zei het je toch!' Mokkend rijdt hij de race uit. Het is te laat om Leclerc en Pérez nog in te halen.

Bottas grijpt de zege. Belangrijk, want zo snoept hij Max toch zeven punten af. Max finisht als tweede en neemt de leiding weer over in de stand om het kampioenschap. Toch staan de gezichten bij Red Bull niet onverdeeld vrolijk. Want Mercedes was vandaag superieur. Als Hamilton zijn motor niet had hoeven wisselen, had hij eenvoudig vanaf pole gewonnen. Christian Horner monkelt: 'Ze moeten iets met de motor hebben gedaan, ze zijn veel sneller op het rechte stuk...' Hij vraagt de FIA zelfs om een onderzoek. 'Sorry, Lewis,' klinkt het over de Mercedes-boordradio. 'We hebben het nog wel over die pitstop...' Details. Een paar regendruppels minder, een laagje rubber meer, de kalme, wijze raad van het team versus de hitte van de strijd in de cockpit. Als Lewis straks in december vijf punten tekortkomt, heeft hij ze hier met zijn eigenwijzigheid laten liggen. Maar ja, hoe vaak hebben we dat rekensommetje al niet gemaakt dit seizoen?

Stand:	
Verstappen	262,5
Hamilton	256,5

33
Drive to Survive

Ligt het aan de Amerikaanse eigenaar, die er extra zijn best voor heeft gedaan? Die weet hoe de markt hier werkt, welke toon je aan moet slaan? Ligt het aan het ongelofelijk spannende seizoen, een tweestrijd die er lang niet is geweest? Of ligt het toch aan de Netflix-serie *Drive to Survive*? Hoe dan ook, in 2021 lijkt de vonk eindelijk de oceaan overgesprongen: de Formule 1 is in Amerika populairder dan ooit. The Circuit of the Americas in Austin, Texas, is volledig uitverkocht wanneer het circus er eind oktober neerstrijkt, en het enthousiasme van de fans spat van de tribunes. Een paar jaar geleden wankelde de Grand Prix van Amerika nog, leek het geld op, nu komt er in 2022 zelfs een tweede race in Amerika op de kalender, in Miami. En nu COTA stampvol zit, werpt ook Las Vegas zich op als mogelijk Formule 1-decor. Het kan niet op. Amerika is altijd een markt geweest waar de Formule 1 maar moeilijk kon aarden. Amerika had zijn eigen races: NASCAR, dat was pas echt racen, en nou ja, vooruit: de Indycars. Amerikaanse Formule 1-teams strandden in het verleden allemaal op geldgebrek. Het team van Gene Haas komt vooralsnog ook niet echt uit de verf. Inmiddels is het meer Russisch, door de kapitaalinjectie van papa Mazepin. De Andretti-family wil graag een Formule 1-team gaan runnen. Maar de overname van Alfa Romeo gaat op het laatst niet door. De Andretti's zijn net te laat. De grote baas bij McLaren Zak Brown (een Amerikaan inderdaad) rekent voor dat dankzij de budget-cap, die Liberty Media lijkt af te dwingen, Formule 1-teams in de nabije toekomst niet langer bodemloze putten zijn, maar gewoon winstgevende franchises. Hierdoor zouden ze miljarden waard kunnen worden.

Veel mensen noemen *Drive to Survive* als de sleutel waarmee Liberty de Amerikaanse markt geopend heeft. De Netflix-serie filmt een seizoen lang bij diverse teams achter de schermen, en maakt zo afleveringen waarin een race, een team of een coureur centraal staat. De invalshoek verschilt. Voor Formule 1-fans is het smullen geblazen. We krijgen dingen te zien die voorheen grotendeels onzichtbaar bleven. Teambesprekingen, teleurstellingen, boosheid, paniek, momenten naast de races, overpeinzingen van coureurs. Het maakt de Formule 1, die altijd clean en afgesloten overkwam, aanraakbaar, menselijker. Precies waar Amerikanen gevoelig voor zijn. Racers staan in Amerika veel dichter bij het publiek. De serie is onmiddellijk razend populair geworden. Günther Steiner, in de serie als de boze en veelvuldig het f-woord gebruikende manager van het team Haas te zien, is er een echte cultheld door geworden: 'Ineens willen allerlei mensen met mij op de foto...' Wat voor ons, de oudere fans, de boeken van Heinz Prüller waren, is voor deze generatie *Drive to Survive.*

Toch hebben veel Formule 1-fans en zelfs deelnemers moeite met de gescripte reality van de serie. Voor de duidelijkheid, maar ook voor het effectbejag hebben de makers verschillende momenten aan elkaar geplakt, uitgelicht, en hier en daar wat overdreven. Alsof de Formule 1 van zichzelf niet spannend genoeg is. Uitgerekend Max Verstappen uit in de aanloop naar de race in Amerika zijn afkeer van de serie. Hij doet er niet meer aan mee. 'Ik begrijp dat dit gedaan moet worden om de populariteit van de Formule 1 in Amerika een boost te geven. Maar als coureur vind ik het niet leuk om eraan mee te doen. Ik heb eerder wel meegewerkt, maar toen zijn uitspraken die ik deed op andere situaties toegepast. Ze hebben veel gefaket. Ze hebben rivaliteiten gefaket die helemaal niet bestaan. Ik ben niet iemand van dat soort dramatische shows. Ik wil gewoon feiten en echte dingen die gebeuren.' Typisch Max: rechttoe rechtaan.

Nu de Formule 1 een hit wordt in Amerika, roeren ook de techreuzen zich. Is Formule 1 misschien iets om te gaan streamen? Amazon toont al een tijdje interesse, maar heeft laten weten dat ze de sport alleen gaan streamen als ze ook de eigenaar zijn. Dan kunnen ze er namelijk zelf voor zorgen dat een goede show gegarandeerd is. Hoe arrogant kun je zijn? Laten we hopen dat het die kant niet opgaat…

Aan het seizoen 2021 zullen de makers van *Drive to Survive* weinig hoeven toe te voegen. Drama genoeg. Pikante momenten ook. In de tweede vrije training in Amerika komen Max en Lewis, allebei op weg voor een snelle ronde, elkaar tegen op de baan. In de laatste bochten voor start-finish lijken ze elkaar wat in de weg te zitten. Wanneer Max de laatste bocht door gaat, zit Lewis ineens aan de binnenkant en dwingt Max over de kerbs, alsof het een race betreft. Max bindt niet in en komt naast Lewis weer de baan op. Naast elkaar speren ze vol gas over het rechte stuk omhoog naar bocht 1. Millimeters zitten ertussen. Bovenaan heeft Lewis de binnenbocht en gaat ervandoor. 'Stomme idioot!' roept Max over de radio en steekt zijn middelvinger op. 'Negeer het. Niet over inzitten,' zegt de immer kalme Lambiase onmiddellijk. Natuurlijk is dit bedoeld om te pesten, te intimideren, om Max op te fokken. Want Lewis heeft het zwaar, hij staat achter. Toch zijn analisten in binnen- en buitenland van mening dat Lewis de beste papieren heeft. Voor het eerst dit seizoen, geven zij soms met tegenzin toe, is Lewis de favoriet voor de titel. In Turkije was Mercedes zoveel sneller dan Red Bull. Max, die het hele seizoen Bottas voorbijrijdt alsof hij stilstaat, kon in Turkije niks uitrichten tegen de Fin. Zonder motorwissel had Lewis eenvoudig gewonnen. Hebben ze nog iets gevonden? Er wordt gesproken over een ophangingssysteem dat de auto op hoge snelheid lager op de grond drukt, waardoor ze sneller kunnen gaan. Het verschil in topsnelheid zit Horner dan ook het meest dwars. Bij het onderzoek van de Mercedes-motor is niks illegaals gevonden. Toto Wolff weet waarom het beter gaat: 'Hoe meer races we rijden, hoe beter we de auto leren kennen. Hoe meer we er ook uit kunnen halen.' Amerika is sinds het hybridetijdperk onbetwist Mercedes-territorium. Haalt Mercedes het momentum weer naar zich toe?

34
Grand Prix van de Verenigde Staten

The Circuit of the Americas mag dan altijd Mercedes-terrein geweest zijn, in 2021 lijken dit soort wetmatigheden verdwenen. Mercedes heerst weliswaar op vrijdagochtend, daarna gaat Pérez sneller. De kwalificatie is een ware thriller. De Mercedessen zetten snelle tijden neer, maar de Red Bulls gaan er meteen onderdoor. Opnieuw is Pérez de snelste. In de laatste seconden van Q3 valt Hamilton aan. Hij haalt het uiterste uit zijn wagen en gaat zes honderdste sneller. Maar een paar tellen later hakt Max daar nog eens twee tiende van af. Pole, want Pérez slaagt er niet meer in zijn tijd te verbeteren. Heerlijk, puntje van je stoel, zo zijn kwalificaties bedoeld. Maar zondag pas worden de punten verdeeld.

Op zondag maakt de organisatie er weer een hele show van. Een race in Amerika is altijd een *event*. Een feest. De Dallas Cowboys Cheerleaders zijn er, er is een fly-by van (Nederlandse) legerhelikopters, er is een basketballer van tweeënhalve meter lang, een rapster in doorkijkkleren en overal in pitboxen staan of zitten coryfeeën uit Hollywood achter hun zonnebrillen. Vlak voor de race probeert ex-Formule 1-coureur Martin Brundle voor Sky Sport op de grid een kort interview te doen met de rapster,

Megan Thee Stallion, maar haar bodyguards duwen hem tot tweemaal toe opzij en snauwen hem af: opzouten, wie denkt hij wel wie hij is? Welkom in Amerika, Martin. Die Formule 1 is leuk, maar bijzaak naast de ware sterren.

Als de lichten uitgaan, zoeven Max en Lewis naast elkaar omhoog. Max probeert de Mercedes nog af te knijpen, maar Lewis is net iets beter weg en al op gelijke hoogte. Zij aan zij draaien ze de eerste bocht in. Komt het weer tot een fysieke confrontatie? Ellebogen dit keer. Hamilton heeft de binnenkant en laat zijn auto door de bocht naar buiten lopen. Hij dwingt Max, die niet afgeeft, over de kerbs in de uitloopzone. Hamilton pakt de leiding. Terug op de baan moet Max aansluiten, Pérez komt zelfs langszij, maar laat zijn kopman voorgaan. Lewis, Max, Pérez. Daarachter Leclerc, en dan Sainz met de twee McLarens in zijn nek. De strijd om plek drie bij de constructeurs is ongemeen spannend. Net als de strijd vooraan. Max volgt Lewis op de voet, tot hij in de 11e ronde, tamelijk vroeg, een pitstop maakt. Vier nieuwe banden in 2,9 seconden. Undercut. Als Lewis de volgende ronde niet binnenkomt, meldt Max zich op de radio: 'We moeten voorkomen dat Lewis lang doorgaat, met Checo.' Ongelofelijk. Vanuit de auto dirigeert Max de Red Bull-strategie. Dit is Schumacher-style. Ongetwijfeld is er over de verschillende scenario's gesproken, maar Max heeft ze in de hitte van de strijd ook nog paraat en weet wat te doen. Red Bull haalt Pérez naar binnen, waarna ook Hamilton stopt; hij kan niet te lang doorgaan omdat hij dan ook zijn tweede plek aan Pérez verliest. Lewis staat 2,8 seconden stil voor nieuwe banden.

Max leidt comfortabel, maar het vermoeden is dat

Mercedes langere runs wil maken om zo aan het eind met betere banden de aanval te openen. In de 30e ronde komt Max weer binnen, 2,7 seconden. De twee topteams halen zelfs hier het beste in elkaar boven. Nog zesentwintig ronden te gaan, bijna de halve race, dat is veel voor een setje banden. Lewis rijdt door, zoals al vermoed. In de 38e ronde stopt de zevenvoudige voor zijn laatste set. Hij staat 2,4 seconden stil. Als hij weer de baan op komt, ligt Max bijna acht seconden voor. Maar Lewis heeft nu banden die acht ronden minder gebruikt zijn. 'Het gaat op de laatste ronden aankomen,' meldt zijn engineer. Nog achttien te gaan. Lewis loopt in. Niet de banden forceren. Vooraan probeert ook Max zijn banden te sparen, zodat hij op het eind genoeg rubber over heeft om zich te verdedigen. De twee titelkandidaten jagen achter elkaar aan. Iedereen houdt de adem in. 'Het gat is weer 1,9. *Come on mate,*' moedigt Lambiase zijn coureur aan. Eenmaal op anderhalve seconde krijgt Lewis het moeilijker. Het is lastig om een auto voor je van dichtbij te volgen. De 'vuile lucht', de turbulentie, maakt het lastiger: de aerodynamica werkt minder goed en ook de koeling krijgt het lastig, alle temperaturen stijgen.

Met nog twee ronden te gaan kruipt de Mercedes dichterbij. De grootste zorg is om Lewis buiten de DRS-afstand te houden. Max ziet voor zich een Haas rijden. Mick Schumacher. *Dirty air.* Als het inhalen niet meteen soepel verloopt, is dat natuurlijk een extra kans voor Hamilton. 'Kan die Haas niet uit de weg gaan?' roept Max over de radio. 'Zeg het tegen Michael!' Lambiase antwoordt dat ze ermee bezig zijn. Maar de achterblijver blijkt een blessing in disguise, want nog net voordat Schumacher jr. netjes aan de kant gaat en Max hem voorbijrijdt, komen ze over de DRS-detectielijn, wat betekent dat Max op het volgende rechte stuk DRS mag gebruiken. En Lewis, net te ver achter Max, heeft het niet. Met de DRS open vliegt Max net wat sneller over het rechte stuk omhoog op bocht 1 af, hij loopt weer iets uit. Achter elkaar aan de laatste ronde in. Lewis komt weer dichterbij, binnen één seconde nu. Max versnelt, zorgt dat hij sneller uit de bochten komt, er zit nog net genoeg plak op de banden. En precies voor bocht 12, de uitgelezen plek om in te halen met DRS, heeft hij weer net iets meer dan één seconde voor, zodat Lewis opnieuw geen DRS kan gebruiken. Max redt het. Bocht 16, 17, 18... Een bijna Zandvoorts gejuich klinkt op van de tribunes als Max over de finishlijn gaat. Amerika heeft Max in de armen gesloten. Wat een race. Episch. Snaarstrak. Een van zijn mooiste overwinningen. 'Pure klasse!' roept Horner over de boordradio. Helmut Marko heeft zelfs tranen in zijn ogen. Ze beseffen het maar al te goed: ze hebben het tij gekeerd. Amerika Mercedes-territorium? Wie zei er dat Lewis nu de favoriet was voor de titel? Max vergroot zijn voorsprong in de stand en de twee circuits die komen, Mexico en Brazilië, liggen de Red Bulls doorgaans beter. De beker voor Max wordt onder het podium bezorgd door de boomlange basketballer in een ontiegelijk foute slee met twee megahoorns van een longhorn bovenop. Amerika en de Formule 1, het wordt nog wat.

Stand:	
Verstappen	287,5
Hamilton	275,5

35
Dunne lucht

Twee weken na de race in Amerika is het Formule 1-circus in Mexico-City voor de eerste race in een heftige *triple header*, dat wil zeggen: drie raceweekenden achterelkaar. Drie weken achtereen racen (en reizen) is zwaar voor de teams, met name voor de monteurs, die ook al het in- en uitpakken, sjouwen, afbreken en opbouwen voor hun rekening nemen. Liberty Media heeft beloofd in de toekomst zo min mogelijk triple headers meer te plannen, maar met de dynamische kalender (Australië is definitief afgevallen, Qatar ingeschoven) blijft het lastig.

Het Autodrómo Hermanos Rodríguez midden in de miljoenenstad is de laatste jaren Red Bull-territorium. Van de laatste drie edities heeft Max er twee tamelijk soeverein gewonnen. En ook in de meest recente, in 2019, was Max de snelste, maar werd hij na aanrijdingen met beide Mercedessen gedwongen tot een inhaalrace van de laatste tot de zesde plaats. De reden waarom Red Bull het hier zo goed doet, is de dunne lucht. Het circuit ligt 2250 meter boven zeeniveau (kijk even twee kilometer omhoog in Zandvoort). De lucht is daar zo'n 78 procent dunner. En dat heeft effect op de hypersensitieve Formule 1-machientjes. Lucht is nodig voor de koeling, voor het motorvermogen en voor de aerodynamica. De turbo's bijvoorbeeld moeten harder werken om genoeg lucht binnen te halen. Voordeel voor Honda: zij hebben een jet-turbo, die het in dunnere lucht beter doet. De ijle lucht reduceert ook de downforce. Maar omdat Red Bull het de laatste jaren altijd meer van de downforce moest hebben, waren zij beter op deze omstandigheden voorbereid. En zo ziet het er tijdens de vrije trainingen in 2021 ook uit. Op vrijdagochtend staan de Mercedessen nog boven aan de tijdenlijst, in de middag zet Max ze op een halve seconde achterstand. Tijdens de derde vrije training is Pérez de snelste, tot grote vreugde van alle Mexicanen rond de baan. Hij wordt op de voet gevolgd door Max. Beide Mercedes-coureurs moeten opnieuw ruim een halve seconde toegeven.

In de pits bij Red Bull wordt echter druk gekeken, gemeten, geconfereerd en gewerkt aan de achtervleugel. Er zitten scheurtjes in. In Amerika had Red Bull hier ook al last van, maar dat kwam door de extreme hobbels. Hier komt het door de downforce. In de dunne lucht is de downforce minder sterk. Daarom kiezen de teams voor een set-up die zo veel mogelijk downforce genereert, dat wil zeggen: zo groot mogelijke vleugels, net als bijvoorbeeld in Monaco. Maar de snelheden in Mexico zijn veel hoger dan in Monaco; alleen al op het geweldig lange rechte stuk worden snelheden boven de driehonderdveertig gemeten. Dat betekent dat de krachten, met name op de vleugel, veel groter worden. Max rijdt zo hard dat hij zijn Red Bull letterlijk aan stukken scheurt. Met ducttape wordt het euvel bestreden. Hopen dat het blijft zitten.

Zaterdagmiddag tijdens de kwalificatie gaan de zwarte zilverpijlen ineens sneller. Bottas duikt meteen onder de één minuut zeventien. Waren ze toch aan het zandzakken? In het tweede deel blijft Lewis Max negen duizendste voor. Het wordt close. Maar in Q3 duikt Bottas zelfs onder de één zestien. Echt, hij is op zich een supersnelle coureur, maar... Hamilton volgt. Kunnen de Red Bulls nog iets? De zachte band lijkt hen niet zo te liggen. En wanneer ze in de laatste seconden nog een keer aanzetten, stuiten ze op... Tsunoda. De arme Japanner, die zo zijn best wil doen voor Honda, besluit bij het zien van een aanstormende Red Bull rigoureus plaats te maken en neemt een escape road naast de baan. Maar alle zand en stof die de AlphaTauri daarbij opwerpt, brengt Pérez in verwarring: ook hij schiet naast de baan. Max, vlak achter Pérez, ziet alle stof en chaos, verwacht al een gele vlag en houdt in. Snelle ronde naar de haaien. Vloekend maakt Max zijn rondje af. Derde tijd. De eerste rij wordt ingenomen door beide Mercedessen. Hoezo Red Bull-territorium?

Toto Wolff is in zijn nopjes. 'Wij hebben het probleem met de mindere turbo opgelost, daar hebben we hard aan gewerkt.' Wolff gaat ook in op de titelstrijd. Het zou hem niet verbazen, zegt hij, wanneer het op een Senna-Prost-manier beslist wordt. Natuurlijk hint hij op de crash in Suzuka in 1990, toen Senna Prost van de baan ramde en zo kampioen werd. Ook Lewis heeft voorafgaand aan het weekend geprobeerd een steek uit te delen. Naar aanleiding van het akkefietje in de vrije training in Amerika stelt hij dat de coureurs moeten letten op hun taalgebruik. Er kijken immers ook kinderen naar de Formule 1. Kent hij die aflevering van *Drive to Survive* met Günther Steiner niet? En Max kent hij blijkbaar ook nog steeds niet. Die laat zich niet het zwijgen opleggen. Max gaat nergens op in. De slappe teksten van Mercedes lijken compleet langs hem heen te gaan. Hij focust op het racen. Max spreekt op de baan. De rivaliteit lijkt de laatste races juist weer wat gekalmeerd. De strijd in Amerika was hard maar fair. Er wordt geen boegeroep meer gehoord. Wat er nog op sociale media rond giert, heeft weinig belang. Alle anonieme haat gaat uiteindelijk over de haters zelf. In Mexico wordt de rivaliteit sowieso overstemd door de Mexicanen, die bijna net zo fanatiek als het Oranjelegioen in Zandvoort hun *local hero* aanmoedigen. Pérez heeft voorafgaand aan de race voorzichtigjes iets over de mogelijkheid van lastige teamorders geopperd. Wishful thinking, want Checo weet natuurlijk donders goed hoe de vlag erbij hangt. Hoe geweldig het ook zou zijn wanneer een Mexicaan zijn thuis-Grand Prix wint, de wereldtitel is momenteel het enige dat telt.

Start van het seizoen: Max pakt de kop in Bahrein

First blood op Imola: het duel in de Tamburello-chicane

Moment van ontspanning
in Portugal

Jubelen met het team na de zege in Monaco

Pitstop in Frankrijk

Het duel van het jaar: Max en Lewis op Silverstone

Carambolage in de eerste bocht: Hongarije

Eén groot Oranjefeest: Max triomfeert op Zandvoort

Als niemand wil wijken: de crash op Monza

Full speed in Amerika: Max in de Red Bull RB16B

De uitremactie van het jaar: Max pakt de kop in Mexico

Boks in Brazilië

Topoverleg in Qatar: met dr. Marko, Christian Horner en Gianpiero Lambiase

Saoedi-Arabië: volop controversen en een botsing

De trofee tussen de titelpretendenten tijdens de persconferentie in Abu Dhabi

Abu Dhabi: Jos en Max, droom waargemaakt

36

Grand Prix van Mexico-City

Het heeft vast ook met financiën te maken, het is in elk geval een nieuwe trend: de Grand Prix vernoemen naar een regio of stad. De Grand Prix van Mexico heet dit jaar de Grand Prix van Mexico-City. Ook de Grand Prix van Brazilië volgende week wordt naar de stad vernoemd. Dus wie weet hebben we over een paar jaar de Grand Prix van Amsterdam, of Noord-Holland. Of Drenthe. Assen heeft laten weten er klaar voor te zijn. Het circuit van de gebroeders Rodríguez zit in elk geval afgeladen vol. In het immense stadiongedeelte heerst een geweldige sfeer. Ruim een halve eeuw geleden werd de Grand Prix hier nog bijna afgelast omdat het publiek massaal op de rand van de baan was gaan zitten. Afval op de baan, mensen staken over, loslopende huisdieren. Politie noch organisatie kon er iets aan doen; op hoop van zegen reden de coureurs tussen de massa's in de berm door. Wonder boven wonder liep alles goed af, alleen Jackie Stewart reed een hond dood. Vijftig jaar later is alles anders, maar het fanatisme onder de Mexicanen is er niet minder om, zeker nu een Mexicaanse held de Grand Prix zomaar eens zou kunnen winnen.

Zandvoortse taferelen wanneer de auto's langzaam naar de grid rijden voor de start. Groot gejuich wanneer ze het stadion binnenrijden. Bottas, Lewis, Max, en dan Pérez, de man om wie het allemaal gaat, op plaats vier. Natuurlijk gaat het om de wereldtitel, om Max en Lewis, maar gaan hun teamgenoten vandaag een rol van betekenis spelen? De baan krinkelt door het stadion, het publiek kan de auto's zo goed bekijken. Onder de tribunes door verlaten ze het stadion en komen dan halverwege de beruchte Peraltada-bocht op het oude circuit, waar ze zich voor de pits opstellen voor de start. Vóór hen gaapt dat gigantisch lange rechte stuk van 1,2 kilometer. Het worden waarschijnlijk de belangrijkste meters van deze race. Hier kun je plaatsen winnen door een slipstream te pakken, door te blokken, je goed te positioneren, en vooral op te letten, want elk jaar is het wel hommeles in die eerste bocht. Zouden er tijdens de ochtendbriefings scenario's doorgesproken zijn? Ongetwijfeld. Maar je kunt die sprint van een kilometer simuleren zo je wilt, hier komt het op de coureurs aan, hun concentratie, reactievermogen, lef en instinct.

Als iedereen op zijn plaats staat, gaan de lichten een voor een aan en dan in één klap uit. En gas! Iedereen komt goed weg. Mercedes, Red Bull. Lewis net iets beter dan Bottas, al op de eerste meters rijden ze zij aan zij. Zo, onthult Mercedes na afloop, was het niet helemaal bedoeld. Het plan was, of misschien beter: de hoop was dat Lewis zo snel mogelijk de slipstream zou kunnen pakken van zijn teamgenoot, om dan vóór bocht 1 voorbij te vliegen. Kruipen ze daarom wat naar elkaar toe? Achter hen zijn ook de beide Red Bulls goed weggekomen. Over het rechte eind stuivend ziet Max hoe de twee Mercedessen dicht bij elkaar op het midden van de baan rijden, het is bijna anderhalve slipstream die hij daar cadeau krijgt... De Red Bull zoeft op de koplopers af en pakt dan met meer snelheid in één beweging door de buitenkant van de baan. Voor Bottas ook maar iets kan doen, is Max al langszij gekomen – en nee, Valtteri is niet de coureur die denkt: wat moet jij hier, ik zal jou eens het gras op dirigeren. Na afloop zijn er verwijten richting de Fin, van Toto Wolff en zelfs van Hamilton: hij liet de deur wel erg wijd openstaan... Drie auto's naast elkaar razen nu op de eerste bocht af. Die eerste bocht, ieder jaar het toneel van botsinkjes, gebroken voorvleugels en excursies door het gras. Max en Lewis zijn hier al eerder tegen elkaar aan gereden.

Nu zit Bottas in het midden. Remmen. Wanneer beide Mercedessen vertragen, lijkt het of Max doorschiet – hij gaat net een paar meter later op de rem en zeilt vrolijk voor zijn concurrenten langs rechtsaf de bocht in. Op het uiterste randje van adhesie. Hij haalt het. Net. Twee wielen gaan aan de buitenkant over de witte lijn, twee blijven er voor de broodnodige grip op het asfalt, en onmiddellijk dwingt Max de wagen naar links en weer naar rechts, perfect passend over de kerbs, door de chicane. Het is een juweel van een uitremactie, een weergaloze move... Waarmee Max de leiding in de race pakt. Achteraf vertelt Max dat hij wist wat hij deed, dat hij precies wist waar hij ging remmen. Christian Horner bevestigt: Max had deze move in de trainingen al geprobeerd, en ook op weg naar de grid oefende hij hem nog een keer... Mercedes-strateeg James Vowles kan het dagen later nog steeds niet geloven. Hij stelt dat Max het er maar op waagde, hopend op een goede afloop. Maar Max wist precies wat hij deed. Ook dat de Mercedessen, aan de binnenkant op het vuil, eerder zouden remmen dan hij. Ross Brawn maakt voor de zoveelste keer de vergelijking met Michael Schumacher.

Achter Max breekt de gewoonlijke pleuris uit. Ricciardo is te laat met remmen aan de binnenzijde en schuift met een blokkerend wiel tegen Bottas aan, die achterstevoren gaat. Ineens is het gedrang in bocht 1 een panische wirwar geworden, diverse auto's rijden door het gras en achteraan komt Ocon klem te zitten tussen Tsunoda en Schumacher. De AlphaTauri en de Haas springen links en rechts over de voorwielen van de Alpine en stranden naast de baan. Safetycar.

Bij de herstart geeft Max net voor het uitrijden van het stadion gas en meteen heeft hij een paar meter voorsprong op Lewis, zodat deze even later in bocht 1 geen enkele kans maakt. Red Bull-territorium. Max loopt daarna snel weg, hij controleert de race, dekt een poging tot undercut van Lewis af; geen vuiltje aan de lucht. Via de radio vraagt hij nog waar Checo zit, opnieuw nadenkend over de strategie van het hele team. Met een late stop probeert Pérez op versere banden Hamilton te verschalken in de slotfase. Ronde na ronde komt hij dichterbij. Het circuit zindert. Max pakt de snelste ronde. Bottas, klem in het achterland, heeft twee setjes nieuwe banden nodig om de tijd van Max te verbeteren. Doet hij tenminste nog iets goed vandaag... In de allerlaatste ronde zit Pérez echt in Lewis' buurt. Zijn engineer moedigt hem aan: 'Knijp die batterij uit! Laatste ronde! Dit is het!' Maar Checo redt het niet.

Het doet er niet toe. Het Autódromo Hermanos Rodríguez gaat uit zijn dak zodra de auto's over de streep zijn.

Max wint, loopt uit in de titelrace, en Pérez is de eerste Mexicaan hier op het erepodium. Gejuich, vlagvertoon. Pérez en even later ook Max gaan op de schouders. Een dolblije papa Pérez sluit Max in zijn armen. Heel Mexico juicht. Heeft Red Bull het momentum weer terug? Met dit machtsvertoon en deze voorsprong komt de titel nu toch wel heel dichtbij. Max blijft voorzichtig: 'Ik geloof niet in momentum. We moeten zorgen dat we iedere race alle details goed hebben. Het kan zomaar misgaan.'

Stand:
Verstappen 312,5
Hamilton 293,5

37

DRS-gate

Het circuit van Interlagos ligt weliswaar niet op zo'n hoogte als dat van de Rodríguez-broers, maar ook in Brazilië lijkt Max de favoriet. Hij heeft hier in het verleden al magistrale races laten zien. Denk aan de regenshow in 2016, maar ook in 2018, toen hij alle Ferrari's en Mercedessen op de baan passeerde en zou hebben gewonnen als Ocon hem niet dwars had gezeten. In Nederland zijn analisten al in juichstemming: die titel is binnen! En er is nog meer goed nieuws: Lewis Hamilton wisselt andermaal zijn motor, hij moet op zondag vijf plaatsen terug op de grid. Wat zijn ze bij Mercedes aan het doen? Die nieuwe motor werkt wel. In de vrije training is Hamilton meteen de snelste. Omdat er in Brazilië ook een sprintrace zal zijn, is de kwalificatie al op vrijdag. En opnieuw domineert Hamilton. In Q1, in Q2 en ook in Q3 rijdt hij schijnbaar fluitend naar de snelste tijd. Max volgt op vier tiende. Christian Horner blijft zich verbazen over de rechte-lijnsnelheid van de Mercedes. Waar komt die vandaan? De motor? Ook de achtervleugel van Mercedes ziet er verdacht uit. Hoeveel flext dat ding? Blijkbaar is erover gesproken, want na afloop van de kwalificatie checkt Max toch even de achtervleugel van de Mercedes.

De stewards checken de achtervleugels ook. Altijd. En

niet lang na de kwalificatie komt het bericht dat de achtervleugel van Lewis niet in orde is. De DRS gaat te ver open. De stewards beraden zich, diskwalificatie dreigt. In dat geval wordt Lewis' kwalificatie ongeldig verklaard en moet hij de sprintrace achteraan beginnen. Ogenblikkelijk – welkom in de Formule 1 – begint een schimmig spel: achter de schermen wordt aan allerlei touwtjes getrokken. De stewards stellen de beslissing uit. Is men op zoek naar een dubieuze redenering – net als met de bargeboards van Ferrari in 1999 – om Lewis in de race te houden? Ook Max moet zich komen verantwoorden, want hij heeft de Mercedes aangeraakt, wat volgens de regels verboden is. Vreemd. Zoveel coureurs hebben in het verleden de auto's van concurrenten aangeraakt, daar is nooit iets van gezegd.

Op zaterdag komt er lange tijd geen nieuws. Hoe moeilijk is het om een gat dat illegaal is illegaal te verklaren? In de Formule 1 is dat heel moeilijk. Pas in de middag, na de nogal zinloze tweede vrije training, komen er oordelen. Max krijgt vijftigduizend euro boete omdat hij de auto van Lewis heeft aangeraakt. Lewis' achtervleugel is illegaal, hij moet de sprintrace achteraan beginnen. Toto Wolff is woest. De afwijking is maar 0,2 millimeter! Aan één kant. Lewis kan daar nooit voordeel van hebben gehad. Het is vast een beschadiging, veroorzaakt door een losgeraakt schroefje of iets dergelijks. Maar ja, als je wereldkampioen wilt worden, moeten alle schroefjes vastzitten. Zo is het. Het is meedogenloos, maar in de Formule 1 worden miljoenen uitgegeven voor een paar tienden van seconden, dan telt ook iedere millimeter, iedere tiende millimeter.

De sprint op Interlagos zal gaan over vierentwintig ronden. Hoe ver zal Lewis zich naar voren weten te wurmen? En dan nog, hoe ver hij ook komt, negende of tiende, hij moet morgen alsnog die vijf plaatsen terug vanwege de motorwissel. Max begint nu vooraan. Maar bij de start komt Bottas beter weg. De Mercedes staat op de rode banden en die geven onmiddellijk meer grip. Als eerste duikt Bottas omlaag door de Senna-s op de Curva del Sol af. Achter hem heeft ook Sainz een raketstart op de zachte band. Hij steekt diagonaal tussen de twee Red Bulls door en zet op weg naar bocht 4 zijn Ferrari meteen naast Max. Zij aan zij remmen ze, extreem laat, maar met meer grip draait Sainz keurig de bocht door, terwijl Max over de kerbs de uitloopzone moet nemen. Bottas, Sainz, Max, Pérez, Leclerc. Twee auto's op zachte banden met een megastart op kop. Maar gaan die banden het tot aan de finish uitzingen? Max rijdt op mediums. Geen risico. Net als Lewis, die meteen bij de start al vier plaatsen heeft goedgemaakt. De Haasjes en de Williams-auto's vormen geen probleem. Ook Stroll rolt hij eenvoudig op. Vervolgens Tsunoda, die minder weerwerk kan bieden dan in Turkije, en daarna Giovinazzi. Maar dan zijn Alonso en de McLarens aan de beurt.

Vooraan heeft Max Sainz alweer ingerekend. Bottas is echter los. Kijken of die banden het houden. Intussen haalt Lewis Alonso in. Op het volgasgedeelte, waar de auto's omhoogvliegen naar start-finish, heeft de Mercedes veel meer snelheid dan de rest. Lewis duikt daar al onder de achtervleugel van de Alpine en schiet dan, geholpen door DRS, gemakkelijk voorbij. Binnendoor, buitenom, ook Ricciardo heeft een paar ronden later geen schijn van kans. Hamilton ligt tiende, nog elf ronden te gaan. De Brazilianen juichen. Dit soort bravourestukjes, daar houden ze van. Doet ze ongetwijfeld aan iemand denken. Vettel en Ocon worden binnen een ronde voorbijgestoken. Gasly de volgende. Er staat geen maat op de Mercedes. Ook vooraan. Even komt Max dichterbij, maar Bottas heeft een antwoord en loopt weer weg. In de laatste ronde speert Lewis nog spectaculair langs Norris, binnendoor in bocht 1. Hij heeft een megarace gereden en finisht als vijfde. Morgen vertrekken van plaats tien. Net als op Monza wint Bottas de sprint. 'Mijn banden zijn zo goed als dood. Het paste precies,' meldt de Fin lachend over de radio. Sinds hij onder alle onzekerheid over zijn contract bij Mercedes uit is, presteert hij veel beter. Max wordt tweede; dat zijn twee punten voor het kampioenschap, het enige dat telt. Maar wie stopt Lewis morgen in de race?

Stand:	
Verstappen	314,5
Hamilton	293,5

38

Grand Prix van São Paulo

Hoogspanning wanneer de twintig Formule 1-auto's zich opstellen voor de Grand Prix van São Paulo op het Autódromo José Carlos Pace, vernoemd naar de Braziliaanse Formule 1-coureur die in 1977 om het leven kwam bij een vliegtuigongeluk. Twintig coureurs, maar het gaat vandaag, het gaat het hele seizoen al om deze twee: Max Verstappen, op startplaats twee, en Lewis Hamilton, op plaats tien. Eenenzeventig ronden te gaan. Kan Lewis zich snel genoeg langs de subtop wringen om nog een kans te maken op de zege, of is Max dan allang gevlogen?

Max heeft in elk geval een goede start. Precies zoals Bottas gisteren aan de binnenkant beter wegkwam, doet Max het vandaag. Zij aan zij stormen ze op de Senna-s af. Zij aan zij duiken ze er ook in, linksaf. Laten ruimte. In het tweede deel van de chicane laat Max, driekwart vóór Bottas, echter wat minder plek en dwingt de Fin over de kerbs. Max pakt de leiding. Bottas, het momentum even kwijt, heeft onmiddellijk Pérez aan zijn staart hangen. Over het rechte stuk naar bocht 4 zet Checo de Red Bull zelfs naast de Mercedes. Bottas remt laat en schiet rechtdoor, over de kerbs, de uitloopzone in. Pérez haalt de bocht wel en schuift op naar plaats twee.

Red Bull één en twee! Bottas derde, dan de twee Ferrari's. Waar zit Hamilton? Al voor bocht 4 is hij twee plaatsen opgeschoven: Ocon voorbij en Norris, die naast de baan is gegleden met een lekke band. In bocht 5 passeert Lewis Gasly buitenom en nog voor de eerste ronde gedaan is, is hij ook Vettel voorbij. Wie gaat hem stoppen vandaag? In de derde ronde rolt hij beide Ferrari's op. De Mercedes vliegt over het circuit. Een ronde later krijgt Bottas de opdracht om Lewis voorbij te laten. Op start-finish gaat hij keurig van het gas. Pérez echter is een hardere noot om te kraken. In de 18e ronde komt Lewis hem schijnbaar eenvoudig voorbij op start-finish, maar Checo volgt door de Senna-s en met hulp van DRS pakt hij voor bocht 4 zijn plek weer terug! Gejuich op de tribunes. Dit is racen. De volgende ronde komt Lewis weer op Checo aangevlogen wanneer ze het rechte stuk opgaan. Met een bizar snelheidsverschil suist Hamilton voorbij. Deze keer heeft hij meer voorsprong door de bochten die volgen en heeft Checo geen kans meer om terug te komen. Ook vandaag staat er geen maat op de Mercedes. Waar hebben ze die enorme snelheid vandaan?

Opnieuw gaat het nu tussen de titelpretendenten. Max ligt zo'n drie tellen voor. Hamilton komt echter niet veel dichterbij. Het wordt tijd voor de pitstops. Hamilton eerst, in ronde 26. Max countert een ronde later. Beiden foutloos. Max voelt de bui echter hangen. 'We kunnen ons niet nog een undercut veroorloven,' meldt hij via de radio. Achter elkaar jagen de twee protagonisten over Interlagos, het is een fascinerend gevecht. Wanneer besluit Lewis werkelijk aan te vallen? Eerst nog een ronde pitstops. Max nu eerst, in ronde 40. Vroeg, om een mogelijke undercut van Lewis voor te zijn. Hamilton rijdt door. Drie ronden, dan komt ook hij binnen voor verse banden. Het verschil wordt alleen maar kleiner. 'Ik weet niet of we het gaan redden tot het eind,' meldt Max.

Hamilton komt dichterbij, krijgt de Red Bull binnen DRS-bereik. In de 48e ronde vliegt de Mercedes over start-finish naar de Red Bull toe. Nog ligt hij achter. Door de Senna-s kiest Lewis net wat andere lijnen om de downforce te behouden en komt vlak achter Max de Curva del Sol uit. Achter elkaar denderen ze over het rechte stuk op bocht 4 af, Hamilton met DRS. Ruim voor de bocht komt hij langszij. Zij aan zij de bocht in. Max remt laat en stuurt in. Stuurt hij te weinig in? Hoe dan ook, hij schiet rechtdoor de uitloopzone in. Hamilton reageert echter bliksemsnel en kiest net als Max voor de uitloopzone, zorgend dat er geen contact is. Max komt als eerste weer op de baan, volgorde onveranderd. Horner meldt zich onmiddellijk via de radio bij wedstrijdleider Masi: 'Dit gaat over "laat ze racen", Michael, laat ze racen.' Hamilton wacht nu af. Komt er een straf voor het van de baan dwingen van een tegenstander? Hopelijk niet. Dit is racen. Na zes ronden komt er bevestiging van de wedstrijdleiding: *no investigation necessary*. Lewis' engineer meldt het over de radio. 'Natuurlijk niet...' antwoordt Lewis. Het klinkt sarcastisch.

Vier ronden later zet Lewis opnieuw de aanval in. De Mercedes is overduidelijk sneller, maar Max ben je niet zomaar voorbij. Bij het uitkomen van de Curva del Sol schiet Max een paar keer heen en weer om de slipstream te breken, maar opnieuw komt Hamilton langszij, probeert met wat eerder remmen achterlangs te kruisen in bocht 4, maar Max houdt de deur goed dicht. Het zindert over de tribunes, in miljoenen huiskamers. Max krijgt een waarschuwing voor het slingeren van zojuist. Zijn engineer meldt het hem. 'Ja hoor, prima,' antwoordt Max vanuit de auto. 'Zwaai maar terug.' Nog eens zet Lewis aan, stukken sneller over start-finish, weer die andere lijn door de Senna-s en dan met DRS de Red Bull voorbij. Echt voorbij dit keer. Het snelheidsverschil is te groot. Aan de leiding gaat Hamilton bocht 4 in. Wat een race. In de pits reageert zelfs Toto Wolff verbeten op camera. Hij is al twee dagen laaiend. De strijd is gestreden. In de slotronde snoept Pérez, na een stop voor zachte banden, nog de snelste ronde af van Lewis. Scheelt toch weer een punt. Lewis wint. Wolff meldt zich op de radio: 'Zo overwin je een diskwalificatie van twintig plaatsen!' Hamilton is nog bij de tijd: 'Het waren er vijfentwintig eigenlijk, maar het klopt.' Op weg naar het podium pikt Lewis – in Senna-stijl – een Braziliaanse vlag op. Het publiek smult ervan. Op het podium verschijnt hij zelfs met een kolossale Braziliaanse vlag omgeslagen. Max wordt ontvangen met boegeroep. Vreemd, want nog niet zo lang geleden werd zijn naam over het hele circuit gezongen. Houden de Brazilianen alleen van winnaars? Vinden ze, net als Toto Wolff, dat Red Bull dit weekend te veel geholpen is door de wedstrijdleiding? Of komt het soms omdat Max de dochter van Nelson Piquet als vriendin heeft? Piquet komt immers uit Rio... Onder het podium is Wolff nog steeds boos. 'Wij hebben het hele weekend moeten incasseren. Die verdediging van Max was over de schreef. Dat hij er geen straf voor krijgt, is lachwekkend. Ik ben altijd heel diplomatiek geweest, maar dat is nu voorbij.'

Stand:

Verstappen	332,5
Hamilton	318,5

39
Schermutselingen

Het Losail International Circuit lijkt een beetje op dat van Bahrein. Vooral plat en heel veel zand. Het heeft echter maar één recht stuk en verder veel snelle en mediumsnelle bochten. Het is in 2004 aangelegd en staat sindsdien vast op de Moto GP-kalender. Qatar heeft nu ook een tienjarige deal met de Formule 1 gesloten. De Arabische wereld krijgt een steeds groter aandeel in de Formule 1. Zou het iets met geld te maken hebben? Natuurlijk komt er uit allerlei hoeken kritiek: moeten we wel gaan racen in dit soort landen waar het met de mensenrechten niet zo nauw genomen wordt? Maar ja, wat te denken van China? Of Azerbeidzjan en Rusland? De Formule 1 is nooit zo politiek correct geweest. Op het dieptepunt van de apartheid in Zuid-Afrika trok het circus, ondanks allerlei wereldwijde boycots, gewoon naar Kyalami. De coureurs mogen zich uitspreken over mensenrechten in Qatar. Maar het gesprek in Qatar gaat meer over de race van een week eerder in Brazilië.

Mercedes heeft een officiële review aangevraagd inzake de verdedigende actie van Max in Brazilië. Vreemd genoeg heeft wedstrijdleider Masi toegegeven dat de stewards hun oordeel (geen onderzoek nodig) baseerden op enkel de gewone televisiebeelden. De onboard-beelden en de telemetrie kwamen pas later beschikbaar. Terwijl ze er toch zo prat op gaan dat ze zich op alle gegevens kunnen baseren. Mercedes wil nu met name de onboard-beelden gebruiken als extra bewijs. Volgens hen stuurde Max nauwelijks in, waardoor hij rechtdoor ging en zo Lewis van de baan drukte. Mag dat nu wel of niet? Max vindt alle ophef onnodig. Voor hem is het duidelijk: als hij meer had ingestuurd, was hij waarschijnlijk achterstevoren gegaan. Dat Mercedes nu een review aanvraagt, toont hun ware aard, volgens Max. Maar deed Red Bull niet precies hetzelfde na Silverstone? De strijd is naast de baan inmiddels net zo intens als op de baan. Het is maar te hopen dat de beslissing in het titelgevecht straks niet valt onder controversiële omstandigheden en dat de FIA via allerlei beroepsprocedures nog weken of maanden nodig heeft om de wereldkampioen aan te wijzen...

Het verzoek om een review wordt verworpen. De nieuwe beelden leveren niets nieuws op, vinden de stewards. Toto Wolff accepteert de beslissing, maar voegt eraan toe: 'Dit zet de deur open naar *dirty driving*.' De coureurs praten er uitgebreid over in de *drivers' briefing*. Sommigen vinden dat Max in Brazilië aantoonbaar te ver is gegaan. Anderen noemen de regels verwarrend. Want waarom dan wel al die straffen in Oostenrijk, vraagt Norris zich af. Wanneer moet je nu wel ruimte laten en wanneer hoeft het niet? Geen enkele situatie is helemaal gelijk en ieder team van stewards oordeelt weer anders, verdedigt Masi de gang van zaken. Vaag. Niemand is tevreden na afloop. Alleen Max heeft nergens problemen mee.

De schermutselingen voorafgaand aan het rijden zijn daarmee nog niet voorbij. Christian Horner blijft verbluft over het grote snelheidsverschil in Brazilië. De Mercedes van Hamilton liep soms zevenentwintig kilometer per uur harder dan de rest. Absurd, volgens Horner. Hij denkt nu te weten waar ze het vandaan hebben. Een flexi-wing. Horner heeft foto's van de achtervleugel, om precies te zijn van de binnenkant van de zijplaten van de achtervleugel. Daarop zouden 'sporen' te zien zijn van een bewegende vleugel. Het flexen wordt sinds Frankrijk gecontroleerd met stippen op de vleugels. Maar niet op het grote, onderste deel van de achtervleugel. Juist dat deel laat Mercedes nu flexen, waardoor ze bij hoge snelheid minder luchtweerstand hebben, en zodra de DRS opengaat ook een groter DRS-gat. Toto Wolff lacht erom: 'Horner ziet spoken.' De Mercedes-vleugel is al zo vaak geïnspecteerd en er is nooit iets gevonden. Volgens Wolff kwam het grote snelheidsverschil in Brazilië door de nieuwe motor, een effect dat snel zal afnemen. De FIA luistert echter naar de Red Bull-teambaas en belooft nieuwe, nog betere tests, meteen in Qatar.

In de vrije trainingen blijkt Mercedes opnieuw sneller. Max moet drie tiende toegeven. Opvallend genoeg is het nu de achtervleugel van de Red Bull die kuren vertoont. Zodra de DRS openklapt, begint het bovenste deel te wiebelen en te flapperen. Net als in Mexico wordt er, zodra de auto's terug zijn in de pitbox, intensief geprutst aan de vleugel. Voor de kwalificatie is het euvel verholpen. Grote pechvogel is Mazepin. In Brazilië stond hij nog huilend voor de camera's, omdat alles zo tegenzat en allerlei teamleden vertrokken. In Qatar beschadigt hij tijdens een van zijn vele uitstapjes naast de baan in de eerste training de vloer van de wagen dusdanig dat hij een nieuw chassis nodig heeft. Maar zodra hij voor de derde training met de nieuwe auto de pits uit rijdt, valt alles uit en Mazepin stil. Haas snakt naar 2022… Het circuit blijkt gevaarlijk voor vloeren en vleugels. In de laatste seconden van de kwalificatie neemt Pierre Gasly bocht 15 te ruim, stuitert op de kerbs en voelt meteen de voorvleugel afbreken. De vleugel slaat onder de auto, steekt een band lek en belandt in stukken op de baan in bocht 16. Gele vlaggen. De laatste run van Max en Bottas valt in het water. Max verbetert nog wel zijn tijd, maar Hamilton heeft pole. Max staat naast hem, het verschil is slechts vijfennegentig duizendste. Prachtig, het gevecht gaat onverminderd voort. Horner is tevreden. Zijn verzoek om duidelijkheid over de achtervleugels heeft meteen resultaat, gromt hij. De snelheidsverschillen zijn nu niet zo groot meer. Wolff haalt zijn schouders op, hij kan alle aantijgingen van Red Bull niet meer volgen. De auto's worden verzegeld – bij sommige gaat er een sprookjesachtig gaasnet over de wagen; het wachten is nu op morgen, op de race. Tot er plots nog een bericht komt van de stewards. Max moet zich komen melden. Net als Bottas en Sainz. Er is een vermoeden dat zij niet of niet genoeg van het gas zijn gegaan toen er gele vlaggen werden gezwaaid bij de crash van Gasly. Bottas en Sainz onder enkel geel, Max zelfs onder dubbel geel. Een gridstraf dreigt.

40
Grand Prix van Qatar

Gele vlaggen zijn in de autosport al sinds mensenheugenis de vlaggen die waarschuwen voor gevaar op de weg. Wordt er een enkele gele vlag gezwaaid, dan moeten de coureurs vaart minderen en is inhalen verboden, bij een dubbele gele vlag is het gevaar ernstiger en moet men zoveel vaart minderen dat men eventueel ook meteen kan stoppen. In de loop der jaren zijn er waarschuwingslichten in dezelfde kleur naast de baan bij gekomen en er is zelfs een geel waarschuwingslicht op het stuur. Op het doorrijden onder geel wordt streng gelet en de straffen zijn fors. Het negeren van gele vlaggen was een van de dingen die leidden tot het laatste ongeval met dodelijke afloop in de Formule 1: de crash van Jules Bianchi op Suzuka in 2014.

Het onderzoek naar de overtreding van Max duurt – we kennen de Formule 1 inmiddels – lang. Er zijn verzachtende omstandigheden. Het licht in de cockpit was niet aan, de dubbele gele vlag op het rechte stuk was niet nodig, ook niet opgedragen, een vergissing. Toto Wolff is er als de kippen bij: 'Ik wil er niet veel over zeggen, maar ik zag het licht naast de baan knipperen, er was dubbel geel en er stond een auto op de baan. Dat lijkt me een *triple whammy*. Laat de stewards maar uitspraak doen.'

Pas kort voor de race komen de oordelen. Straffen. Bottas drie plaatsen terug. Max vijf. Sainz wordt vrijgesproken. De stewards onderkennen dat er geen licht op het stuur was, maar de vlaggen tellen even zwaar. Onverbiddelijk. Max zag het al aankomen: 'Ik krijg nooit cadeautjes. Maar mij krijgen ze niet klein.' Het is vooral jammer voor de race. Mercedes is in Qatar opnieuw sneller, maar vanaf de eerste startrij was er nog strijd mogelijk geweest. Max moet nu vanaf de vierde rij vertrekken. Tegen de tijd dat hij mannen als Bottas, Sainz en Norris voorbij is, rijdt Hamilton waarschijnlijk al een eind vooruit. Maar een getergde Max is altijd een nóg snellere Max, en wie weet met een gunstige safetycar...

De teams zijn zich al aan het opstellen op de grid als de straffen bekend worden. Er moet op het laatste moment nog worden geruild. Door het wegvallen van Max en Bottas staat Gasly nu ineens naast Lewis op de eerste rij. Gasly staat op rode banden, kan hij voor een verrassing zorgen? Achter Lewis staat Alonso, ook op rood – wie weet. Maar Hamilton komt bij de start goed weg. Hij knijpt onmiddellijk naar rechts om alle snode plannen van Gasly te dwarsbomen. Onbedreigd duikt Lewis de eerste bocht in. Achter hem heeft Max een wereldstart. De Red Bull schiet diagonaal naar de binnenkant van de baan, voorbij Bottas, die zijn start volkomen verprutst, voorbij Sainz zelfs. Max blijft ook vol remmend aan de binnenkant van de bocht en rijdt zo ook Norris voorbij. Hij komt zelfs bijna op gelijke hoogte met Alonso. De Spanjaard is echter bezig met een aanval op Gasly en zwiept bij bocht 2 vol voor de wielen van de Red Bull, zodat Max van het gas en over de kerbs moet. Het gaat maar net goed. Alert. Lewis, al een paar lengtes voor, dan Alonso die Gasly voorbijgestoken is, dan Max. Gasly krijgt al snel de melding dat hij en AlphaTauri niet met Max in gevecht zijn, en als hij in de 3e ronde wat te wijd gaat in bocht 16, gaat Max hem moeiteloos voorbij. Twee ronden later heeft ook Alonso drang noch snelheid om Max iets in de weg te leggen.

Lewis nu voor Max. Weer gaat het tussen de twee titelkandidaten. Het verschil is vier seconden, nog tweeenvijftig ronden te gaan. Game on. Maar al snel is duidelijk dat dit vandaag het maximaal haalbare is. Lewis controleert de race. Bouwt de voorsprong langzaam wat uit en dekt de mogelijke undercut bij de pitstops. Achter hen vecht Pérez zich naar voren van plaats elf naar vier. Bottas heeft eerst een aansporing van Wolff nodig. Bottas rijdt lang door en gaat proberen de race uit te rijden met één pitstop. Maar als hij is opgeklommen tot plaats drie, klapt zijn band linksvoor. Zonder enige waarschuwing. De Mercedes glijdt van de baan, door het grind. Moeizaam keert de Fin terug naar de pits. Een eenstopper lijkt onmogelijk vandaag. Natuurlijk wisselen de leiders hun banden nogmaals, geen risico en de voorsprong op Alonso is intussen groot genoeg. Opnieuw dekt Lewis de undercut door een ronde na Max zijn pitstop te maken. Onbedreigd gaat Lewis op de zege af. Via de boordradio meldt zijn engineer dat ze de snelste ronde zullen pakken aan het slot. Dat ene punt, het kan zo belangrijk zijn straks in december! Ook Pérez wordt voor de zekerheid binnengeroepen. Hij baalt, want het podium was in zicht. 'Je gaat het nog redden,' verzekert zijn engineer. Maar als ook de twee Williams-coureurs hun linkervoorband zien ploffen en er een virtual safetycar nodig is om de auto van Latifi te bergen, redt Alonso het wel met één pitstop. De oude kampioen finisht als derde. Gasly is ver teruggevallen. Lewis wint, opnieuw snoept hij zeven punten af van de voorsprong van Max. Zes, want Max geeft in de laatste ronde nog wat extra gas en rijdt de snelste ronde. Alonso glundert. 'Dat ik op het podium sta met twee grote kampioenen, Max en Lewis, dat betekent veel voor me.'

Bij Red Bull kijkt men elkaar aan. De voorsprong slinkt. Acht punten vóór. En nog twee races te gaan. 'Max hoeft er maar één te winnen,' houdt dr. Marko de moed erin. Toto Wolff grijnst. Lewis heeft vandaag met een oudere motor gereden. Daarom lagen de topsnelheden dichter bij elkaar. In Saoedi-Arabië zullen ze de motor uit Brazilië weer gebruiken. In Nederland houdt iedereen zijn hart vast. Twee weken om even op adem te komen voor de *showdown* in twee delen. Jeddah en Abu Dhabi. Zal Lewis met zijn raketmotor alles aan flarden rijden, of trekt Max de titel over de streep?

Stand:	
Verstappen	351,5
Hamilton	343,5

41
Het rondje van het jaar

In de week na Qatar geeft Lewis een uitgebreid interview aan diverse media. Zoiets wordt georkestreerd door de pr-afdeling van Mercedes, en reken maar dat er van tevoren goed over is nagedacht. Natuurlijk gaat het over de strijd met Max. Lewis profileert zich als de ervaren kampioen die het dit seizoen allemaal zo netjes heeft gehouden. Tussen de regels door deelt hij, zonder Max te noemen, flink wat steken uit. 'Je moet zo ontzettend goed oppassen. Er zijn momenten dat je mensen het voordeel van de twijfel geeft, maar nu moet je goed kijken wat er gaat gebeuren. Je moet steeds bereid zijn om een botsing te vermijden, zelfs als je daarvoor naast de baan moet gaan, want je wilt de race ook finishen, toch? Als je koppig bent en je poot stijf houdt, dan krijg je een crash. Ik heb dit jaar steeds botsingen vermeden, volgens mij heb ik het tamelijk netjes gedaan, al kan het niet altijd perfect zijn. Maar hoe dan ook, ik vind het niet erg als ik het ben die inhoudt. Ik ben niet te groot of te succesvol om van het gas te gaan om een andere keer weer terug te komen. Soms moet je het gewoon zo doen. Je moet de wijste zijn.' Maar hoe zit het dan met Silverstone? 'Dat was een ander scenario. Ik zal niet zeggen dat ik toen mijn houding veranderde, maar het was wel een moment dat ik punten nodig had. En dan moet je een beetje minder geneigd zijn om ruimte te geven, omdat je stukje bij beetje te veel punten verliest als het seizoen zich ontvouwt, ik stond toen flink wat punten achter.' Juist, dus wanneer je dreigt te verliezen, mag het wel: doordrukken met het risico van een ongeluk. Lewis gaat ook in op zijn opvoeding, de reden van zijn houding. 'Mijn vader heeft me zo opgevoed. Hij zei altijd dat ik het moest laten zien op de baan. Ik werd gepest op school en op het circuit, we wilden op de juiste manier terugslaan. Niet door botsingen of anderen van de baan te rijden. Alleen zo wordt duidelijk dat jij de beste bent. Ik wil de zuiverste van alle coureurs zijn, met mijn snelheid, echt hard werken en vastberadenheid, zodat niemand iets aan mijn prestaties kan afdoen.' Aansluitend zegt hij dat hij tegenwoordig ook naar de achtergrond van zijn tegenstanders kijkt. 'Met al mijn ervaring heb ik intussen tegen heel wat andere coureurs geracet. Nu ik wat ouder ben, doorzie ik wat meer hun karakter, hun achtergrond en opvoeding. Onze opvoeding is bepalend voor hoe we ons gedragen, goed of slecht. Ik probeer nu beter te begrijpen tegen wat voor een karakter ik aan het racen ben.' Hint hij ergens op?

Jammer eigenlijk dat Red Bull niet zo'n interview met Max regelt. Maar Max spreekt liever op de baan. De baan in Jeddah, voor de eerste Grand Prix van Saoedi-Arabië, is maar net op tijd klaar. Het circuit is totaal anders dan anders. Het is een stratencircuit met maar liefst zevenentwintig bochten. Maar de meeste zijn slechts milde buigingen die genomen worden met snelheden boven de tweehonderd per uur. De gemiddelde snelheid over de hele baan ligt ver boven de tweehonderdvijftig per uur. Een stratencircuit, dat net zo snel is als Monza... Het is vliegen tussen muren en hekken door. Nauwelijks uitloopzones. Gezien het hoge percentage vol gas is de verwachting dat Mercedes, met de raketmotor, de boventoon zal voeren.

De race in Jeddah wordt een nachtrace, onder kunstlicht. Ook de kwalificatie is in de avond. Max versus Mercedes. In Q3 opent Hamilton het vuur met een snelle ronde. Even later duikt Max er dik vier tiende onderdoor. Bottas moet passen, drie tiende komt hij tekort op Max. Dan is Hamilton weer op de baan. Sneller, sneller. Clean. Paars in de tweede sector en uiteindelijk een tiende sneller dan Max over de lijn. Kan Max nog iets doen? Hij zet aan voor zijn laatste poging. Volle bak. Een beetje wijd zeilt hij door bocht 2, vroeg op het gas, de achterkant zwiept opzij, mist op een haar de gele Pirelli-reclame in bocht 3. Alles op alles. Max raast door de slingers, bocht 8, 9, 10, tussen de tweevijftig en tweetachtig per uur. Gekkenwerk. Maar hij is een tiende sneller dan Hamilton! Door de licht oplopende kombocht, nummer 13, honderdtachtig graden, honderdtachtig per uur, en terug. Betoverend. Dit is snelheid, iedereen houdt zijn adem in. Vonken, vlak langs de muren, het scheelt soms millimeters. Twee tienden sneller dan Lewis in de tweede sector! Hij gaat het halen, pole. Door de snelste bochten nu, maximaal commitment, strak over de groen-witte kerbs. Wonderbaarlijk hoe deze coureurs steeds sneller gaan, steeds weer iets weten te vinden, durven. Dit is magisch. Hij gaat het halen. Door de supersnelle combinatie gevolgd door de wijde bocht 26, boven de driehonderd per uur. Alleen de laatste bocht nog… en daar, terwijl hij remt, blokkeert het linkervoorwiel. Een fractie. Precies genoeg om de auto uit koers te brengen. Max schuift naar buiten, probeert nog te corrigeren, maar knalt met het rechterachterwiel tegen de muur. Hard. Schade. De auto valt ogenblikkelijk stil, staat scheef op de baan, de ronde is over. Hamilton op pole.

Ongelofelijk. Iedereen op het circuit en wereldwijd heeft met open mond gekeken naar de vonkende wervelwind, in vervoering. Verbijsterd kijkt men nu naar de gestrande Red Bull. Max stapt uit en wandelt weg. Gebogen hoofd. Op de grote schermen is te zien hoe vader Jos in de pitbox de handen heft en dan omlaagslaat van pure teleurstelling. De monteurs grijpen naar hun hoofd, op de pitmuur worden de handen voor het gezicht geslagen. 'Dit was het rondje van het jaar geweest,' treurt Horner. Inderdaad, dit had het rondje van het jaar kunnen worden, het moment om Mercedes te verslaan, om vooraan te starten en de titel morgen zo goed als veilig te stellen. Is het de druk? Misschien. Was Max te gretig? Had hij met die paar tienden voorsprong voorzichtiger moeten doen? Nee, dat kan niet, dit is de kwalificatie, dan ben je totaal gefocust op pure snelheid, het hele rondje, dan kun je niet aan voorzichtig doen gaan denken. Maar als je kampioen wilt worden… Gelukkig is het de kwalificatie, morgen is pas de race. Hopelijk heeft de versnellingsbak de klap overleefd.

42

Grand Prix van Saoedi-Arabië

De spanning is om te snijden vlak voor de start in Jeddah. Het supersnelle stratencircuit lijkt garant te staan voor spektakel. De coureurs zijn echter niet onverdeeld positief over het circuit. Natuurlijk is het een gave, uitdagende baan, met een geweldige flow, maar volgens Pérez is het circuit ook onnodig gevaarlijk. Veel van de bochten zijn blind en als je daar dan met tweehonderdvijftig de hoek om komt en er is iets gebeurd... Tijdens de kwalificatie zag je al auto's in hun snelle run gevaarlijk dicht langs langzamere wagens scheren. Veel uitwijkmogelijkheden zijn er niet. Niet te lang bij stilstaan. Racen.

Als de lichten uitgaan, komt iedereen keurig weg. Een korte sprint naar de eerste twee bochten, een zwanenhals waar nog minder plek is dan in die eerste chicane op Monza. Maar wonder boven wonder glijdt het hele Formule 1-veld er ongeschonden doorheen. Hamilton voor Bottas, Max, Leclerc, Pérez, Norris, Ocon en Gasly. Scheuren door de slingers. Tussen de hekken. Langs zee. En al spoedig zijn de voorste drie los van de rest. Max versus Mercedes. In de 10e ronde is er geel, dubbel geel. Mick Schumacher is met zijn Haas in de muur geslagen. Hij is oké, de auto in puin. Safetycar. Dit was te verwachten. De scenario's liggen vast al klaar. De race kan met één pitstop, maar is ronde 10 niet wat vroeg? Maar een pitstop onder de safetycar kost je relatief minder tijd… Hamilton komt binnen. Achter hem vertraagt Bottas nu enorm, omdat ook hij meteen een pitstop wil maken. Max, achter Bottas, wordt boos: dit mag niet, je moet een zeker tempo houden achter de safetycar. Ook Bottas gaat de pits in. Max rijdt door. Is dit een gok van het team? Of een blunder? Max neemt de leiding over, maar al snel heeft hij Lewis in zijn spiegels, en Lewis heeft zijn pitstop nu al gemaakt… Gokt het team op nog een safetycar? Maar dan verliest Max sowieso een heleboel plekken. Hij zit klem. Tot de wedstrijdleiding de rode vlag uithangt. Om de schade aan de tech-pro-barrier te repareren wordt de race onderbroken. De auto's keren terug naar de pits. En mogen daar nu ook banden wisselen, dat is de regel. Nu klaagt Lewis op de radio: 'Nu kan hij zijn banden wisselen. Waarom doen ze dit?' Lewis vergeet even dat hij dit seizoen al tweemaal heeft geprofiteerd van deze regel: in Imola en op Silverstone.

Als de schade is gerepareerd, volgt er een nieuwe, staande start. Achter de safetycar gaan de auto's op weg naar de grid. Max voorop, gevolgd door het Mercedesduo. Lewis laat een groot gat vallen. Nu komt Max weer op de radio: dit mag toch niet? Achter de safetycar mag het normaliter niet, maar op weg naar de herstart mag het blijkbaar wel. Het geeft Lewis de kans om alles beter op te warmen. Heeft hij daarom ook de betere start? Hij is in elk geval het best weg. Hij komt meteen langszij bij Max en dwingt Max naar de buitenkant. Bottas moet vol in de ankers om Max niet te raken. Hamilton heeft de binnenkant van de bocht, maar Max remt laat, heel laat, en schiet rechtdoor. Buiten de baan over de kerbs rijdend snijdt hij bocht 2 af en schuift precies voor Lewis weer de baan op. Lewis houdt in en ziet ook Ocon voorbij glippen. Max, voor Ocon en Hamilton. Maar Max' inhaalmanoeuvre zal ongetwijfeld worden onderzocht, naast de baan passeren mag nu eenmaal niet. Maar voor iemand zich achter het oor heeft kunnen krabben, gaan er in het middenveld auto's achterstevoren, tegen elkaar en op elkaar. Carambolage. Rode vlag. Iedereen terug naar de pits. In het gedrang werd Pérez gesandwicht en door Leclerc geraakt. In de onoverzichtelijke wirwar die volgde, is Mazepin vol op Russell gereden. Grote schade. Pérez uit de race.

Terwijl de boel wordt opgeruimd, luisteren we mee naar de radioberichten. Masi meldt zich bij Red Bull. De inhaalactie was inderdaad illegaal, Masi biedt aan om Max terug te zetten naar plaats twee. Red Bull overlegt. Plaats twee is akkoord, achter Ocon toch? Nee, Masi heeft zich vergist, het moet plek drie zijn, achter Ocon en Hamilton. En anders speelt hij de zaak door naar de stewards. Nog nooit vertoond. Onderhandelen over een straf. Red Bull gaat akkoord, ook zij weten dat de inhaalactie van Max niet door de beugel kon.

Even later gaan de auto's opnieuw op weg naar de grid, voor een derde staande start. Ocon voor Hamilton en Max. Max, anders dan de anderen, heeft nu een mediumband laten monteren. Lewis rijdt op hard. Met meer grip komt Max veel beter weg dan de rest. Diagonaal steekt hij over naar de binnenkant van de baan en komt op gelijke hoogte met Hamilton en Ocon. Met z'n drieën naast elkaar sturen ze de bocht in. Max glipt nipt langs een muur, over de apex. Lewis zit in de sandwich. Ocon raakt de Mercedes: de voorvleugel van Lewis loopt schade op. Wijselijk kiest Ocon het hazenpad, rechtdoor over de kerbs. Het gaat allemaal maar net goed. Ocon komt voor Max weer de baan op, maar hij weet dat hij de bocht heeft afgesneden en geeft de plek onmiddellijk terug. Max, voor Ocon en Hamilton. De bandenwissel van Max heeft gewerkt, maar kan hij op deze gele band de race uitrijden? Als er nog meer safetycarfases komen, is het goed te doen. Aan het eind van de ronde steekt Hamilton Ocon voorbij. Max voor Lewis. Nog drieëndertig ronden te gaan.

Lewis jaagt. Hij zal Max moeten passeren om echt kans te houden in de titelstrijd, maar hij weet ook dat Max tot het uiterste zal verdedigen en een botsing komt Max niet slecht uit... De baan ligt intussen vol troep, onderdelen die van beschadigde auto's vallen. Tot twee keer toe is er een virtual safetycarfase om de grootste brokstukken op te ruimen. Bij het ingaan van de 37e ronde zit Lewis vlak achter Max en klapt zijn DRS open. Op start-finish gaat hij Max voorbij. Maar Max geeft niet af. Aan de binnenkant voor bocht 1 remt hij laat. Lewis naast hem. Maar Max haalt de bocht niet, glijdt rechtdoor de kerbs op. Ook Lewis moet over de kerbs om Max te ontwijken. 'Die gozer is gek!' roept Lewis over de radio. Max dendert door, aan de leiding. Maar zijn engineer meldt zich: 'Geef de positie terug, Max, maar doe het strategisch...' Blijkbaar heeft de wedstrijdleiding de move in bocht 1 afgekeurd. Max vertraagt in bocht 26 en gaat wat naar rechts. Lewis lijkt echter niet te begrijpen wat er gebeurt. De DRS-detectielijn nadert. Dan remt Max nog wat extra en prompt botst

Lewis tegen hem op. Iedereen schiet overeind: wat is hier aan de hand? 'Hij gaf me een brake-test!' roept Lewis over de radio. Verwarring alom. Achteraf blijkt dat Lewis nog niet had doorgekregen dat Max hem voorbij moest laten. 'Ik kan maar op één knop tegelijk drukken,' verontschuldigt Masi zich. Wonderwel heeft de voorvleugel van de Mercedes ook deze aanslag overleefd. Beide coureurs vragen hun team de eventuele schade te checken. Er lijkt weinig aan de hand. De race gaat voort. Maar moet Max die plek nu nog teruggeven of niet? Voor de toeschouwers valt er geen touw meer aan vast te knopen. Een paar ronden later laat Max Lewis in bocht 26 alsnog voorbij, om onmiddellijk weer binnendoor te glippen en met DRS weg te vliegen over het rechte eind. Superslim! Maar dan komt er een melding van de wedstrijdleiding: Max krijgt een tijdstraf. Vijf seconden, voor het inhalen buiten de baan. Dit is de beslissing in de race. Want Max rijdt Lewis niet meer eruit op vijf seconden. In de 43e ronde gaat Lewis Max opnieuw voorbij met DRS. De mediumbanden zijn op. Lewis rijdt op de zege af.

In zijn uitrijronde wordt Max geïnterviewd omdat hij door de fans is gekozen tot Driver of the Day. Ongezouten geeft hij zijn oordeel: 'De fans weten gelukkig nog wat racen is. Wat er vandaag gebeurde, is ongelofelijk. Ik probeer te racen. Maar deze sport gaat momenteel meer over straffen dan over racen. Voor mij is dit geen Formule 1.' Later op de avond krijgt Max nog een tijdstraf van tien seconden voor de aanrijding met Hamilton: Max heeft te plots en te hard geremd en zo een botsing veroorzaakt. Het verandert niets aan de uitslag. Bij de interviews na afloop en op het podium kijken de twee mannen elkaar niet meer aan. Omdat Lewis ook de snelste ronde gereden heeft, reizen de rivalen met precies evenveel punten af naar Abu Dhabi voor de allesbeslissende race.

Stand:	
Verstappen	369,5
Hamilton	369,5

43
Wereldnieuws

Een gelijk aantal punten voor de laatste race, het kwam één keer eerder voor. In 1974 hadden Clay Regazzoni en Emerson Fittipaldi allebei 52 punten voor de beslissende race op Watkins Glen, Amerika. Het was het eerste Formule 1-seizoen dat ik helemaal volgde, of beter: trachtte te volgen, want Formule 1 was in Nederland nauwelijks in het nieuws. Achteraf bleek dat Regazzoni een week voor de beslissende race, tijdens trainingen op de Glen, zijn Ferrari plat had gereden. De haastig uit Italië overgevlogen reservewagen bleek een hok en Fittipaldi werd eenvoudig kampioen. De race werd overschaduwd door het gruwelijke, fatale ongeluk van de Oostenrijkse nieuwkomer Helmut Koinigg. Dat haalde het nieuws wel, ergens in een klein kolommetje. Andere tijden.

In 2021 is de ontknoping van de titelstrijd wereldnieuws. Natuurlijk ook in Nederland. Kranten, websites, sociale kanalen, radio, televisie, talkshows puilen uit met Max en de Formule 1. Alle scenario's worden doorgelicht, ieder woord van de twee protagonisten wordt gewogen, gefileerd en binnenstebuiten gekeerd. De grote vraag, zeker na het gekkenhuis van Jeddah, is: wat gaat er in Abu Dhabi gebeuren? Wie de race wint, of beter: wie vóór de ander finisht, is wereldkampioen. Finishen beiden niet, dan is Max kampioen omdat hij meer races gewonnen heeft dit jaar. Een crash, zeker na wat we gezien hebben in Jeddah, hangt in de lucht. Het zou niet de eerste keer zijn dat het kampioenschap op deze wijze wordt beslist. Alle tumult rond de race in Saoedi-Arabië spookt daarbij nog op de achtergrond. Daags na die race is Lewis helemaal leeggelopen. Max gaat wat hem betreft te ver. In Brazilië al. Maar omdat de stewards daar geen duidelijkheid schiepen, blijft het maar doorgaan. De coureurs hebben het met elkaar besproken in Qatar. Maar echt geholpen heeft dat niet: 'Voor zover ik het begrijp, kun je niet iemand inhalen buiten de baan. Ik denk dat wij, de coureurs, dat heel goed begrijpen, maar voor een van ons gaat het niet op, geloof ik.' Zonder Max bij naam te noemen gaat hij door: 'Anderen zijn over de limiet gegaan om in te halen. Ik probeerde op de baan te blijven en alle incidenten te vermijden. Niet voor het eerst dit jaar. En ja, natuurlijk dacht ik daarbij aan de titel.' In zijn kielzog begint de Engelse pers zich te roeren. Max, klinkt het eenduidig in koor, is in Jeddah te ver gegaan. Martin Brundle is nog het meest genuanceerd. Volgens hem nam Max in Jeddah zijn toevlucht tot manoeuvres die niet bij zijn talent horen. Damon Hill, in 1994 zelf door Michael Schumacher van de baan gerost in de laatste, beslissende race om de titel, vindt dat de FIA vooraf moet aankondigen wat de straf is voor een eventuele aanrijding. Het bontst maakt de chief-editor van de website autosport.com het. Hij schrijft een open brief aan Max, vol lof maar vooral met aantijgingen, en met tot slot het vriendelijke verzoek om het in Abu Dhabi netjes te houden.

Het chauvinisme in Nederland is vaak tenenkrommend, maar in Engeland kunnen ze er ook wat van. Hoelang kijken zij al naar de Formule 1? En zijn ze de race in Silverstone soms vergeten? Wie keurig tussen de lijntjes blijft, wordt in 2021 geen wereldkampioen. Wordt misschien wel nooit wereldkampioen. Zo werkt de moderne Formule 1. En met de snelste auto is het veel makkelijker om clean en sportief te rijden. Good old Bernie Ecclestone, de man die de Formule 1 omtoverde tot een miljoenenbusiness, springt voor Max in de bres. Volgens hem probeert Mercedes via de media druk uit te oefenen, op Max en op de FIA. Beeldvorming, een psychologisch spelletje, dat volgens Ecclestone van invloed is op de strijd. Hij vindt het een oneerlijke strijd: 'Max is een kind in vergelijking met Lewis. En Lewis heeft die hele publiciteitscampagne achter zich staan. Ze zijn voortdurend bezig om Max onderuit te halen. Lewis heeft veel meer ervaring. De jarenlange dominantie heeft hem gevormd en ervoor gezorgd dat hij een veel sterker karakter heeft. Voor Max is het de eerste keer dat hij in een auto zit die in staat is om te winnen.'

Ecclestone heeft een punt. Zie in zo'n mediaoffensief maar eens overeind te blijven. Uiterlijk blijft Max in elk geval koel onder alle ophef en aandacht. In de persconferentie voorafgaand aan het weekend zitten hij en Lewis naast elkaar. Tussen hen in staat de trofee voor de wereldkampioen. Max spreekt vrijuit over alle voorafgaande gebeurtenissen en over wat er komen gaat. Hij is verbaasd dat hij in Brazilië niet werd bestraft voor zijn verdediging en in Jeddah wel. Bovendien waren er in de laatste race veel meer illegale manoeuvres aan te wijzen. Lewis duwde hem ook naast de baan bij zijn definitieve inhaalactie. Daar krijgt hij slechts een waarschuwing voor. 'Ik word anders behandeld dan andere coureurs. Dat is het probleem hier.' Hij zal zijn aanpak in Abu Dhabi dan ook niet veranderen. 'Ik wil dat het eerlijk is, voor iedereen gelijk. Dat is nu niet het geval. Ik vind niet dat ik fout zat en als ik zie dat anderen er wel mee wegkomen, waarom zou ik dan veranderen?' Op de vraag of zijn houding ten opzichte van Mercedes en Lewis veranderd is, antwoordt Max: 'Nogal ja, en niet op een positieve manier.' Het is typisch Max, recht voor zijn raap. Hoe anders is Hamilton. Spuwde hij aan het begin van de week nog vuur, in de persconferentie is hij de kalme, wijze, zevenvoudige kampioen. Als een mogelijke controverse ter sprake komt, wil hij er niet op ingaan. 'Ik ga mijn energie daar niet in stoppen. Uiteindelijk geloof ik dat iedereen hier komt om te winnen. En ik wil graag geloven dat iedereen dat op de juiste manier wil doen.' Max beaamt, al houdt hij wel een beetje speling: 'Door het jaar heen zijn er zo wat dingen geweest die enigszins controversieel waren. Het is wat het is, daar kun je niks meer aan veranderen. We richten ons nu op het weekend. We willen actie op de baan. En ik denk dat we allebei willen winnen. Daar moet het over gaan en niet over dubieuze beslissingen.'

Michael Masi heeft echter al gewaarschuwd: bij onsportief gedrag kan de FIA ingrijpen en zelfs punten aftrekken. Lewis kan zich wel in die uitspraak vinden. 'Maar ik ga gewoon mijn werk doen. Ik hoop de stewards niet te zien, zij mij ook niet.' Max haalt zijn schouders op. 'Het is niks nieuws. Ik ken de regels wel, ik hoef er niet aan herinnerd te worden.' Alles en iedereen staat op scherp voor de beslissende race. Wordt het Hamiltons achtste, of Max' eerste?

44
Grand Prix van Abu Dhabi

Het is zover. De allesbeslissende race begint. De tribunes rond het circuit puilen uit. Vijfduizend Nederlandse fans zijn afgereisd naar Abu Dhabi om Max aan te moedigen. Bij bocht 9 is een enorm tribunevak helemaal oranje. In Nederland zitten ruim vijf miljoen mensen voor de buis. Een absoluut record. De auto's rijden naar de grid. Iedereen weet het: wie deze race wint, is de wereldkampioen. Het momentum ligt bij Mercedes. Drie overwinningen op rij. Dat Max hier vorig jaar overtuigend zegevierde, zegt niets meer. Nu staat de titel op het spel en Lewis Hamilton lijkt scherper dan ooit. Naast elkaar staan ze op de eerste rij. Max op pole. Op zaterdag heeft hij een geweldig rondje gereden, Lewis had geen antwoord. Max start echter op de rode band, omdat hij in Q2 de gele band op een van de voorwielen heeft beschadigd. De grote vraag is hoelang de rode band het volhoudt. 'Het staat 1-0 voor Max,' grijnsde Toto Wolff, 'maar ik zou liever op de gele band van plaats twee vertrekken.'

De rode band met meer grip zou een voordeel moeten zijn bij de start, maar als de lichten doven, heeft Hamilton een megastart. De Mercedes pakt een volle lengte en onbedreigd duikt Lewis de eerste bocht in. Game on. Max moet er eigenlijk zo snel mogelijk langs, wil hij nog wat voordeel hebben van de betere banden. Door de slingers, door de haarspeld, het eerste rechte stuk op. En ogenblikkelijk valt Max aan. Hij komt van ver, maar kiest de binnenkant en remt laat, extreem laat. De Red Bull schiet de Mercedes voorbij. Max stuurt in, hij haalt de bocht, maar Lewis moet uitwijken om een touché te voorkomen. Lewis gaat door de uitloopzone, snijdt daarmee de volgende bocht naar rechts af en komt ruim vóór Max de baan weer op. Een enorm voordeel. Ongetwijfeld zullen de stewards eisen dat hij de plek teruggeeft aan Max. Meteen een controverse. Max wacht nu af, maar de straf komt niet. Teambazen en wedstrijdleiding maken alweer ruzie op de radio. Lewis moet alleen de voorsprong die het hem opleverde teruggeven, want Max 'dwong' hem naast de baan. En meteen lijkt het gedaan met de strijd, want de Mercedes is sneller, op de gele band. Langzaam loopt Lewis weg.

Na tien ronden ligt Lewis ruim drie seconden voor. Hij controleert de race. Wat kan Red Bull nog? Een undercut? Maar als Max in ronde 13 banden wisselt, wisselt Lewis meteen een ronde later. Allebei naar hard, banden waarop je de race kunt uitrijden. De rood-wit-blauwe vlaggetjes op de tribune zakken steeds verder omlaag. Thuis lig ik op de bank te appen: het is klaar. Dit mooie Formule 1-seizoen gaat als een nachtkaars uit. Even flakkert de vlam nog op, wanneer Pérez, die nog geen pitstop heeft gemaakt en aan de leiding rijdt, Hamilton achter zich heeft. Vanaf de pitmuur komt een heldere boodschap: houd hem zo veel mogelijk op. Op het rechte stuk is de Mercedes echter sneller, Lewis steekt Checo eenvoudig voorbij. Maar dan heeft Pérez DRS en komt terug. Met leeuwenmoed plant hij zijn Red Bull naast de Mercedes, half naast de baan, stof waait op, maar Checo duikt wel als eerste bocht 9 in! Daarna volgen de nauwe, bijna haakse bochten onder het hotel door. Inhalen zo goed als onmogelijk. Hier verliest Lewis tijd. Op Max. De voorsprong smelt van ruim zeven naar anderhalve seconde. Pérez spartelt nog een keer op de rechte stukken, maar kan zijn stunt niet herhalen. Maar Max zit weer in de buurt. Toch lijkt het allemaal tevergeefs. Want weer loopt Lewis weg.

Intussen is Kimi Räikkönen gestopt in de pits en uitgestapt. Het einde van een geweldige carrière. Even later valt ook de tweede Alfa stil, langs de baan. Van deze momenten moet Max het misschien hebben, als hij nog wat wil. De Alfa moet opgeruimd. Virtual safetycar. De auto's moeten nu een vast laag tempo aanhouden, inhalen verboden. Onmiddellijk stopt Max in de pits voor een set nieuwe banden, harde. Wie weet. Een stop onder de virtual safetycar kost relatief weinig tijd, omdat er intussen op de baan minder hard doorgereden wordt. Lewis stopt niet. Logisch. Aan kop riskeer je dat niet. Als er iets misgaat of Max rijdt door, dan ben je zomaar de koppositie kwijt. Max ligt nu zeventien seconden achter. En zet meteen de achtervolging in. Zijn banden zijn nieuw, die van Lewis twaalf ronden oud. Nog tweeëntwintig ronden. Lewis twijfelt op de boordradio of ze dit tempo gaan volhouden tot het eind. De voorsprong slinkt opnieuw, maar na een tijdje is het grootste voordeel van de banden weg. Max blijft steken op elf seconden. Het is gedaan. Niks helpt vandaag. Lewis is de snellere. Het seizoen heeft net een paar Grands Prix te lang geduurd voor Max.

Of niet? Plots staat er een zwaar beschadigde Williams dwars over de baan, net voorbij het hotel. Latifi is gecrasht. Safetycar! Niks nachtkaars, de vlam in de pan! Ik stuiter van de bank op mijn knieën voor de televisie: dit is de laatste strohalm! Ogenblikkelijk haalt Red Bull Max naar binnen en wisselt opnieuw de banden. Naar rood deze keer, de snelste band. Hoeveel ronden nog? Nog vijf! Is het genoeg? Krijgen de marshals de Williams daar snel genoeg weg, of finishen we straks onder de safetycar? Wat een anticlimax zou dat zijn. Mercedes riskeerde de bandenwissel opnieuw niet. Opnieuw begrijpelijk. Stel je voor dat Max dan doorgereden was, dan had hij de kop-positie overgenomen en stel je voor dat ze dan onder de safetycar zouden finishen… Je geeft nooit je positie op als je aan de leiding rijdt. Het nadeel van het voordeel. Hoeveel ronden nog? Nog drie. Door de pitstop van Max rijden er nu diverse auto's tussen Lewis en Max, maar volgens de regel mogen die zo dadelijk de safetycar inhalen om de leiders niet in de weg te rijden. Hoewel, er verschijnt een mededeling van de wedstrijdleiding dat dit niet gaat gebeuren. Waarom niet? Dat vraagt ook Horner aan Masi. 'Eerst de rommel opruimen,' is het antwoord. Ik bal mijn vuisten: schiet dan op!

De auto van Latifi is weggetakeld, de baan geveegd. Nog twee ronden. Nu komt de melding wel: de auto's tussen de leiders moeten uit de weg; Norris, Alonso, Ocon, Leclerc en Vettel mogen de safetycar voorbij. En meteen daarop komt de volgende melding: de safetycar gaat naar binnen aan het eind van deze ronde. Dan is er precies nog één ronde over! Wat gebeurt er? Toto Wolff schreeuwt nu over de radio: dit klopt niet! Zo hoort het niet! En hij heeft gelijk. Volgens de normale procedure gaat de safetycar pas een ronde later naar binnen. Maar de wedstrijdleider mag daarvan afwijken. Masi wil dat er nog een ronde geracet kan worden. Ook dat is een deel van zijn opdracht: zorgen dat er zo veel mogelijk onder gewone raceomstandigheden geracet kan worden. Max heeft geluk hier, maar hoe vaak is het geluk dit seizoen niet Hamiltons kant op gevallen? In Imola, in Bakoe, in Hongarije... De leiders rijden inmiddels onder het hotel door, de safetycar is weggespurt en de pits in gereden, nog een paar bochten en dan gaat het los. Voor één ronde, de allerlaatste ronde van dit knotsgekke seizoen. Max laat zich al zien, komt op gelijke hoogte met Lewis, steekt zijn neus een stukje voorbij. In de laatste bocht gaat Lewis op het gas, Max volgt. Trillend zit ik voor de televisie. Want het gaat gebeuren. Je weet het: Max gaat het doen. De rode banden zijn nu veel beter dan die ruim veertig ronden oude rubberlappen van Lewis. Maar waar? En hoe? Of komt er toch nog een botsing? Bocht 1... Door de slingers... Max kijkt en valt meteen bij de eerste gelegenheid aan: in bocht 5, de haarspeld, zet hij de Red Bull met meer grip aan de binnenkant en steekt Lewis voorbij. Het gejuich op de tribunes overstemt het geluid van de motoren. Het is ongelofelijk. Maar we zijn er nog niet! Nu komen de twee rechte stukken, waar de power van Mercedes in het voordeel is. Op het eerste stuk blijft Max voor, door bocht 6 en 7, aan het begin van de race nog decor van de eerste confrontatie. Maar op het volgende stuk, met de kromming, probeert Lewis het nog één keer. De Mercedes komt op gelijke hoogte. De wielen millimeters van elkaar. Maar soeverein houdt Max zijn positie aan de binnenkant. Meer grip. Voor de ogen van de vijfduizend fans draait hij op kop door bocht 9. Nu komt het nauwe gedeelte onder het hotel door. Hier gaat hij het niet meer weggeven. Koelbloedig raast Max door de laatste bochten, met een drift komt hij het rechte stuk op en gaat als eerste over de finish. Wereldkampioen!

Tranen. Overal. In de auto. Daarna. De omhelzing met Jos. De droom waargemaakt. Die hele lange weg van de karts tot hier. Lewis blijft minutenlang verslagen in de auto zitten. 'Dit is gemanipuleerd,' heeft hij onderweg boos geroepen. Maar even later is er een hug voor Max. Sportief. Natuurlijk dient Mercedes nog een protest in, maar ze hebben geen poot om op te staan. Max Verstappen is wereldkampioen Formule 1. Nederland ontploft. Nog dagenlang loop ik met een licht hoofd rond. Het is nauwelijks te bevatten…

Stand:
Verstappen 395,5
Hamilton 387,5

Epiloog

'Laten we dit nog tien of vijftien jaar samen doen,' riep Max terwijl hij zijn team prees en bedankte tijdens de uitrijronde in Abu Dhabi. Is nu het tijdperk van Max aangebroken? Wie weet. Volgend jaar verandert er veel in de Formule 1. Nieuwe auto's, nieuwe aerodynamica. Maar Lewis heeft voor twee jaar bijgetekend. Dus de strijd kan doorgaan. Dat is mooi, want een strijd als deze geeft een wereldtitel pas echt glans. Max rijdt volgend jaar met nummer 1. Hij is de wereldkampioen. En is van plan dat nog lang te blijven. Ja, het klinkt misschien onvoorstelbaar, maar Max zou in de toekomst zomaar eens de coureur kunnen zijn die alle records van Hamilton uit de boeken rijdt.

Grands Prix 2021

Ronde	GP	Datum	Pole-position	Snelste ronde	Winnende coureur
1	GP van Bahrein	28 maart	Max Verstappen	Valtteri Bottas	Lewis Hamilton
2	GP van Emilia-Romagna	18 april	Lewis Hamilton	Lewis Hamilton	Max Verstappen
3	GP van Portugal	2 mei	Valtteri Bottas	Valtteri Bottas	Lewis Hamilton
4	GP van Spanje	9 mei	Lewis Hamilton	Max Verstappen	Lewis Hamilton
5	GP van Monaco	23 mei	Charles Leclerc	Lewis Hamilton	Max Verstappen
6	GP van Azerbeidzjan	6 juni	Charles Leclerc	Max Verstappen	Sergio Pérez
7	GP van Frankrijk	20 juni	Max Verstappen	Max Verstappen	Max Verstappen
8	GP van Stiermarken	27 juni	Max Verstappen	Lewis Hamilton	Max Verstappen
9	GP van Oostenrijk	4 juli	Max Verstappen	Max Verstappen	Max Verstappen
10	GP van Groot-Brittannië	18 juli	Max Verstappen	Sergio Pérez	Lewis Hamilton
11	GP van Hongarije	1 augustus	Lewis Hamilton	Pierre Gasly	Esteban Ocon

Ronde	GP	Datum	Pole-position	Snelste ronde	Winnende coureur
12	GP van België	29 augustus	Max Verstappen	*Niet toegekend*	Max Verstappen
13	GP van Nederland	5 september	Max Verstappen	Lewis Hamilton	Max Verstappen
14	GP van Italië	12 september	Max Verstappen	Daniel Ricciardo	Daniel Ricciardo
15	GP van Rusland	26 september	Lando Norris	Lando Norris	Lewis Hamilton
16	GP van Turkije	10 oktober	Valtteri Bottas	Valtteri Bottas	Valtteri Bottas
17	GP van de Verenigde Staten	24 oktober	Max Verstappen	Lewis Hamilton	Max Verstappen
18	GP van Mexico-Stad	7 november	Valtteri Bottas	Valtteri Bottas	Max Verstappen
19	GP van São Paulo	14 november	Valtteri Bottas	Sergio Pérez	Lewis Hamilton
20	GP van Qatar	21 november	Lewis Hamilton	Max Verstappen	Lewis Hamilton
21	GP van Saoedi-Arabië	5 december	Lewis Hamilton	Lewis Hamilton	Lewis Hamilton
22	GP van Abu Dhabi	12 december	Max Verstappen	Max Verstappen	Max Verstappen

Ook van Koen Vergeer

ZANDVOORT
EEN KLEINE GESCHIEDENIS VAN
DE GROTE PRIJS VAN NEDERLAND
1948-2021
KOEN VERGEER